Matthias Junge

Zygmunt Bauman: Soziologie zwischen Moderne
und Flüchtiger Moderne

Matthias Junge

Zygmunt Bauman: Soziologie zwischen Moderne und Flüchtiger Moderne

Eine Einführung

VS VERLAG FÜR SOZIALWISSENSCHAFTEN

Bibliografische Information Der Deutschen Nationalbibliothek
Die Deutsche Nationalbibliothek verzeichnet diese Publikation in der
Deutschen Nationalbibliografie; detaillierte bibliografische Daten sind im Internet über
<http://dnb.ddb.de> abrufbar.

1. Auflage September 2006

Alle Rechte vorbehalten
© VS Verlag für Sozialwissenschaften | GWV Fachverlage GmbH, Wiesbaden 2006

Lektorat: Frank Engelhardt

Der VS Verlag für Sozialwissenschaften ist ein Unternehmen von Springer Science+Business Media.
www.vs-verlag.de

Umschlaggestaltung: KünkelLopka Medienentwicklung, Heidelberg
Druck und buchbinderische Verarbeitung: Krips b.v., Meppel
Gedruckt auf säurefreiem und chlorfrei gebleichtem Papier
Printed in the Netherlands

ISBN-10 3-531-14920-2
ISBN-13 978-3-531-14920-2

Inhalt

Tabellenverzeichnis

I. Einleitung

Zygmunt Bauman ist ein Klassiker der Soziologie der Gegenwart. Er hat kontinuierlich daran gearbeitet, die jeweilige Gegenwart als Moderne, Postmoderne oder Flüchtige Moderne präzise zu erfassen. Die Überlegungen zur Flüchtigen Moderne könnten ihn zu einem Klassiker zeitdiagnostischen Denkens an der Jahrtausendwende werde lassen. Seine Arbeiten zum Konzept der Postmoderne haben ihn bereits zu einem Klassiker dieses Diskurses gemacht.

Einem Klassiker gebührt eine monographische Gesamtdarstellung. In den letzten 5 Jahren sind bereits mehrere Monographien und Reader erschienen. Warum diese? Die deutschsprachige Darstellung, etwa von Kastner (2000) oder Junge und Kron (Hrsg. [2002] 2006) zu Bauman, beanspruchen nicht, Gesamtdarstellungen des Werkes zu sein. Aber im englischsprachigen Raum sind mehrere Gesamtdarstellungen verfügbar: Smith (1999), Beilharz (2000), die Konversationen von Bauman/Tester (2001), Blackshaw (2005). Hinzu kommt noch die dänische Gesamtdarstellung von Jacobsen (2004) und eine vierbändige Sammlung von Sekundärtexten herausgegeben von Beilharz (Hrsg. 2002).

Die hier vorliegende Monographie unterscheidet sich von den bislang erschienenen Darstellungen in zweierlei Hinsicht. Erstens schließt sie, das ist der Vorteil der späten Interpretation, auch die neuesten Werksentwicklungen bis einschließlich 2005 ein. Zweitens entwickelt diese Monographie eine von den bisherigen Darstellungen abweichende Gesamtdeutung des Werkes von Bauman.

1. Prämissen der Rekonstruktion

Das Werk Baumans erstreckt sich mittlerweile über weit über 20 Bücher und eine Vielzahl von Aufsätzen (vgl. die Bibliographie in Kilminster/Varcoe (Hrsg.) 1996 und Tester/Jacobson 2005). Eine monographische Darstellung des Werks von Bauman ist darauf angewiesen, von Anfang an die vielfältigen Linien und Themenstellungen des Werkes und die sich gelegentlich widersprechenden Perspektiven aufzuzeigen, um eine Interpretation des Gesamtwerks vornehmen zu können.

Das Werk Baumans erstreckt sich über mehr als vierzig Jahre. Es ist nicht nur der lange Zeitraum, der die Aneignung des Werkes schwierig macht. Das Werk ist vielschichtig, vielfältig und verarbeitet Impulse aus vielen Nachbarwissenschaften der Soziologie. Die Themen reichen von der Arbeiterbewegung über den Holocaust, eine Kulturtheorie des Todes, Arbeiten zur Armut, zur Globalisierung, zum Gemeinschaftskonzept, zu Europa. Diese Themen werden zudem nicht nur breit, sondern auch in großer Tiefe der Auseinandersetzung mit der vorliegenden Literatur bearbeitet. Eine Aneignung des Werkes von Bauman bedarf deshalb einer systematischen Führung. Diese systematische Führung muss sowohl Breite wie auch Tiefe der Auseinandersetzungen von Bauman erfassen können.

Bauman vertritt in unterschiedlichen Werkphasen teilweise einander widersprechende Positionen. Dies nicht nur in Abhängigkeit von veränderten gesellschaftlichen und kulturellen Rahmenbedingungen, sondern auch, weil häufig seine Positionen ambivalent sind. Der erstgenannte Grund für widersprüchliche Positionen zeigt vor allem, dass die von ihm angestrebte Soziologie bereit ist, theoretische Überlegungen mit veränderten Bedingungen in Übereinstimmung zu bringen. Hingegen erscheint das Zweitgenannte auf den ersten Blick bedenklich. Aber hier spricht für die Ambivalenz einiger Positionen, dass sie die Ambivalenz des Gegenstandes zum Ausdruck bringen. Deutlich wird dies etwa in seiner Auseinandersetzung mit dem Gemeinschaftskonzept der kommunitaristischen Sozialtheorie. Einerseits verwirft er dieses Konzept, denn er hält es für die unmögliche Quadratur des Kreises. Andererseits wird für die Bedeutung enger sozialer Banden gerade in der Postmoderne plädiert, weil nur so die Fragmentierung der Erfahrungen atomisierter Individuen und die Episodenhaftigkeit der Begegnungen zwischen ihnen aufgehoben werden könne.

Berühmt gemacht haben Bauman vor allem seine Arbeiten zum Holocaust und zur Postmoderne. Aber gerade diese formelhafte Feststellung ist eine nur selektive Wahrnehmung, die das Ganze nicht in den Blick nimmt. Darauf weist etwa Beilharz (2002: xiii) hin, indem er zu diesen zwei Themen drei weitere hinzufügt: Modernität, Marxismus, Kapitalismus. Auffallend an dieser auf das Ganze zielenden Skizze ist, dass Beilharz seinerseits das Konzept der Kultur nicht erwähnt. Dies, obwohl Bauman selbst behauptet ([1992] 1995: 242), dass es nur zwei durchgängige Interessen in seiner Arbeit gab: Die Geschichte der Arbeiterbewegung und das Phänomen der Kultur. Diese kurze Andeutung zu Beilharz zeigt, dass es schwer ist, einen einfachen Pfad, eine klare Linie durch das Werk zu legen.

Ebenso schwer ist es, eine Interpretation aus einer Kontinuitätshypothese heraus zu entfalten. Nach Smith (1999) scheint das Werk um die drei eng miteinander verbundenen Ideen von Kultur, Wahl und Soziologie fokussiert und in späteren Werkphasen wird diese Dreiergruppe von Konzepten nur schrittweise an anderen Gegenständen weiterentfaltet (1999: 64). Die These geht zurück auf die Rezeption eines Aufsatzes von Bauman (1966), indem er sich mit den Hauptproblemen des polnischen Erziehungssystems befasst. Zu diesen drei Problemen zählen in der Interpretation von Smith 1. das Problem von Konformität und Neutralisierung des moralischen Impulses, sodann 2. das Problem der kulturellen Homogenität, welches die Wahrnehmung kultureller Heterogenität unterläuft und schließlich 3. das Problem der Erzeugung von Verantwortlichkeit und Verantwortung (Smith 1999: 64).

Der angesprochene Aufsatz von Bauman kreist um diese Thematik. Aber er nimmt das Thema in Hinblick auf ein ganz spezifisches Problem auf: Welche Aufgaben kann das sozialistische Erziehungssystem nicht erfüllen? Die Begriffe Modern und Postmodern – daran erinnert Smith selber – tauchen in dieser Auseinandersetzung nicht auf. Auch der Gedanke der moralischen Neutralisierung in einem ethiktheoretischen Sinne findet keine Verwendung. Der Gedanke einer Ethik der Alterität war noch nicht geboren. Kurz: Smith überzieht die Annahme einer kontinuierlichen Werksentwicklung und übergeht damit die im Werk erkennbare Diskontinuität und Ambivalenz von Positionen und Themen.

Eingedenk dieser Schwierigkeiten wird in dieser Einführung ein anderer Weg eingeschlagen. Im Folgenden wird von fünf Aspekten der Rekonstruktion von Baumans Werk ausgegangen. Zuerst wird der *Ansatzpunkt* seines Denkens skizziert (a). Herauszuarbeiten sind sodann die *Prämissen* seines soziologischen Arbeitens (b). Sein *methodischen Vorgehen* ist zu explizieren (c). Zu fragen ist, was sein *Denkstil* ist (d) und welches *Ziel* (e) seine Soziologie verfolgt.

a. Fragt man nach dem *Ansatzpunkt* des Denkens, so möchte man Antworten auf folgende Fragen: Welche Phänomene erwecken das soziologische und philosophische Interesse von Bauman? Welche Ereignisse prägen seine Wahrnehmung? Ansatzpunkt bezeichnet den Kern von Erfahrungen und Wahrnehmungen, die die soziologische Aufmerksamkeit auf sich zogen. Bei der Rekonstruktion eines Ansatzpunktes ist vor allem zu bedenken, dass ein solcher wechseln kann. Ist es in den frühen Arbeiten die Wahrnehmung moderner Gesellschaften als klassenstrukturierte Gesellschaften, so dominiert am Ende eine Perspektive, die vor allem Entstrukturierung und die Verflüchtigung ehemals stabiler Zusammenhänge erkennt. Beide Ansatzpunkte führen zu unterschiedlichen Analysen, Deutungen und Forschungsinteressen.

b. Jedes Denken geht von unhinterfragbaren Voraussetzungen aus. Sie prägen Arbeitsmethode und Ziel. Die Wurzeln von Baumans soziologischem Denken sind geprägt von einem marxistischen Hintergrund. Trotz der frühen Erfahrung antisemitischer Kampagnen in Polen blieb er der Intention, nicht aber der Linie der polnischen Arbeiterpartei treu und wird von seiner Frau Janina Bauman wiederholt als überzeugter Kommunist gekennzeichnet.

Noch in der Phase der Entfaltung einer Soziologie der Postmoderne wird in einer Perspektive an Themen gearbeitet, deren durch Marx inspirierte Intention nicht verborgen bleibt.

Die grundlegende *Prämisse* von Baumans Denken kann als naturalistischer Humanismus im Sinne von Marxens Frühschriften (1971) gekennzeichnet werden. Als naturalistischer Humanismus wird präzisiert, was Tester (2001: 14) als Grundmotiv des Denkens von Bauman bezeichnet: Die Verpflichtung zur Menschlichkeit – „he is committed to humanity." Die genau Fixierung der Prämisse als naturalistischer Humanismus ist wichtig, weil dann die enge Verknüpfung einer im Ausgang marxistischen Perspektive mit der späteren Ausarbeitung einer Ethik der Alterität sichtbar wird. Naturalistischer Humanismus erscheint als Prämisse enger und ist zugleich doch in ihren möglichen Konsequenzen weiter als die schlichte Kennzeichnung seiner Verpflichtung gegenüber den Grundwerten der Menschlichkeit. Bauman geht es um die Wiederaufnahme der Grundintentionen der Aufklärung als eines Humanismus im weitesten Sinne des Wortes. Dieser Humanismus ist zurückgebunden an die naturale Bedürfnisstruktur des Menschen: Ein nach Bedürfnisbefriedigung durch Arbeit und den Aufbau gesellschaftlicher Ordnungsstrukturen suchendes Wesen. Diese Annahme ist kennzeichnend für das Werk von Bauman. Gepaart wird dieser naturalistische Humanismus mit einem ausgeprägten Interesse an einer existentialistischen Phänomenologie und phänomenologischen Analysen von Kultur und Gesellschaft in Moderne, Postmoderne und Flüchtiger Moderne. Diese Analysen sind vor allem inspiriert durch die Arbeiten von Alfred Schütz und Georg Simmel, in der Auseinandersetzung mit der Ethik mit den Arbeiten von Emmanuel Lévinas. Die Kombination aus naturalistischem Humanismus und existentialistischer Phänomenologie ermöglicht neue Einblicke in die ethische Verfassung von Moderne und Postmoderne.

c.   Mit dem Stichwort *Methode* wird vor allem danach gefragt, wie Bauman seine soziologischen Erkenntnisse absichert. Hier regiert Vielfältigkeit. Es finden sich logische Ableitungen aus einem Kategoriensystem, Rückgriffe auf phänomenologische Beobachtungen, die essayistisch assoziative Entfaltung von Gedanken, die Aufnahme von Impulsen anderer Disziplinen und Ähnliches mehr. Vor allem der phänomenologische Blick und der Essay, exemplarisch bereits in den Arbeiten von Simmel (Böhringer 1985; Hoeber 1918) genutzt, sind für Bauman maßgeblich.

Er strebt keine systematische empirische Grundierung seiner zeitdiagnostisch intendierten Aussagen an. Er sammelt vielmehr Bilder, Eindrücke, Erfahrungen und Reflexionen, um diese einer sozialwissenschaftlichen

Interpretation zugänglich zu machen. Und er ist ein Wanderer. Nicht nur, weil er ein Wanderer zwischen verschiedenen Staaten war, nicht nur, weil er – bedingt durch die Erfahrungen des Exils – ein Wanderer auch zwischen kulturellen Welten war. Seine Aufmerksamkeit war vor allem darauf gerichtet, seine Umwelt richtig wahrzunehmen, um sich orientieren zu können. Bauman hat mehrfach Lernschritte dieser Art unternehmen müssen und dabei die Innenperspektive des Wanderers ergänzt mit der Außenperspektive des soziologisch denkenden Wanderers.

Dabei ist ihm vor allem ein methodisches Hilfsmittel dienlich gewesen. Der Idealtyp im Sinne Max Webers stellt das wichtigste methodische Instrument der Erkenntnisgewinnung dar. Idealtypen skizzieren in überzeichneter Form die Besonderheiten eines Phänomens, welches durch die Angabe einzelner hervorstechender Merkmale pointiert zusammengefasst wird. Diese Strategie zeigt sich vor allem in seinen sozialgeschichtlichen Arbeiten, die historisches Material unter Verwendung theoretischer Prämissen idealtypisch verdichten und rekonstruieren.

Seine historischen Arbeiten, vor allem zur Geschichte der Arbeiterklasse und zur Geschichte des Holocaust, verweisen jeweils schon in der Einleitung darauf, dass er keine historische Analyse vorlegen will, sondern dass er historisches Material unter theoretischen Prämissen zu rekonstruieren gedenkt, um sie einer sozialtheoretischen Deutung und einem soziologischen Verständnis zugänglich zu machen. Aber der Idealtypus als Methode wird nicht explizit entfaltet, vielmehr wird er in der Anwendung vorgeführt.

d. Unter *Denkstil* wird im Folgenden die besondere Art und Weise verstanden, wie Bauman sich einem Gegenstand und seiner Analyse annähert. Theoretisch informiert oder empirisch orientiert oder mit einem phänomenologischen Blick oder in essayistischer Form, wie dies vor allem in den letzten Jahren zu beobachten war. Bauman gebraucht die gesamte Vielfalt wissenschaftlicher, populärwissenschaftlicher sowie literarischer Formen.

Die wissenschaftliche Form von Texten dominiert die frühen kulturtheoretischen Arbeiten, vor allem *Culture as Praxis* (1973) und die historischen Studien zur Arbeiterbewegung (1960) und zum Holocaust (1989). Populärwissenschaftlich sind insbesondere seine Arbeiten am thematischen Übergang von Moderne zur Postmoderne, etwa *Modernity and Ambivalence* (1991) oder *Life in Fragments* (1995). Der Essay, diese sprachliche Krönung eines Gedankens, findet sich etwa in seiner Auseinandersetzung mit dem Tod und seiner Bedeutung für die Gesellschaft in *Mortality, Immortality, and Other Life Strategies* (1992). Im Übrigen das einzige Buch, in dem Bauman von seiner idealtypischen Methode abweicht.

Baumans Auseinandersetzungen mit seinen Themen zeichnen sich zudem durch Kontinuität aus. Viele Problemstellungen werden im Laufe der
über 40 Jahre währenden Arbeit mehrfach aufgegriffen und unter Zugrunde-
legung neuer Forschungsergebnisse nochmals bearbeitet. Dieses Verfahren
möchte ich im Folgenden als hermeneutische Wiederannäherung an Problemstellungen nennen. Als hermeneutisch können sie bezeichnet werden,
weil die Ergebnisse der früheren Befassung das Vorwissen für die erneute
Annäherung bereit stellen. Erneute Annäherungen sind es, weil Bauman dabei auch sein jeweils aktuelles Verhältnis zu der ausgewählten Fragestellung überprüft.

Die Struktur der hermeneutischen Widerannäherung an Themenstellungen, ist das Gliederungsprinzip der meisten Darstellungen von Baumans
Arbeiten. Das führt häufig dazu, dass das Gesamtwerk in Gruppen von Büchern eingeteilt wird. Die meisten Themen, die Bauman bearbeitet hat, werden von in Form einer Trilogie abgearbeitet. So gibt es eine Trilogie zu den
ethik- und moraltheoretischen Schriften, eine Trilogie zur Geschichte der
Arbeiterbewegung, eine Trilogie zur modernen Ordnungskonzeption, eine
Trilogie zum Selbstverständnis der Soziologie. Insofern ist es gerechtfertigt,
dieses in den meisten Darstellungen zum Ausdruck kommende Gliederungsprinzip als hermeneutische Widerannäherung zu explizieren und damit
einen spezifischen Denkstil Baumans zu kennzeichnen.

e.   Zu den elementaren Beschreibungsformen eines soziologischen Denkens
gehört auch, welchem *Ziel* es gewidmet ist. Die Kennzeichnung des Ziels ist
wichtig, weil damit das Meta-Interesse beschrieben werden kann, welches
kontinuierlich verfolgt wird. Dieses Meta-Interesse bündelt die Vielfalt unterschiedlicher Themen, ohne mit diesen verwechselt werden zu dürfen.
Behält man es im Hinterkopf, so erschließt sich selbst in großer Vielfältigkeit noch der Zusammenhang des Gesamtwerkes.

Das Ziel Baumans ist die schrittweise Ausarbeitung einer Soziologie
gesellschaftlicher Ordnungsformen. Ausgehend von der Skizze der modernen Ordnung als einer gärtnerischer Willkür folgenden Ordnung, über den
mit der Zunahme gesellschaftlicher Ambivalenz schrittweise vollzogenem
Übergang in die Ordnung der Postmoderne, bis hin schließlich zur Flüchtigen Moderne mit einer sich transformierenden Form der Ordnung.

Es geht um die Rekonstruktion der Geschichte von Ordnungen, ihrer
inneren Struktur und ihrer Entfaltung. Im Rahmen dieses Meta-Interesses
erfolgen alle substantiellen Auseinandersetzungen von Bauman. Unabhängig davon, ob es um die Geschichte der englischen Arbeiterbewegung geht
oder, wie in den letzten Jahren, um die Explikation dessen, was die Flüchti-

ge Moderne für die Lebensformen der Individuen bedeutet. Die Fragen kreisen immer um genaue Kennzeichnungen spezifischer Ordnungen.

Um ein Zwischenfazit zu ziehen: Der Ansatzpunkt des Denkens von Bauman ist die erfahrbare Ambivalenz von Moderne und Postmoderne. Dabei besteht sein Ziel in der Entfaltung einer Theorie gesellschaftlicher Ordnungsformen. Tragend ist ein naturalistischer Humanismus, der in Verbindung mit einer existentialistisch orientierten Phänomenologie die Situation des Menschen, der Kultur und der Gesellschaft in emanzipatorischer Absicht aufzuklären sucht. Der Denkstil ist durch die hermeneutische Wiederannäherung an Problemstellungen und ihre wechselseitige Verknüpfung miteinander gekennzeichnet. Das methodische Mittel seiner Wahl ist die idealtypische Rekonstruktion. In der Darstellung seiner Forschungsergebnisse nutzt er die Vielfalt literarischer und wissenschaftlicher Formen.

Anzumerken ist, dass die vorliegende Darstellung des Werks von Bauman seiner Biographie nur am Rande Raum gewährt. Er selbst hat mehrfach darauf hingewiesen, dass er die Herstellung einer Verbindung zwischen seiner Biographie und dem Werk nicht für hilfreich für ein Verständnis seiner Arbeiten ansieht. Dieser Einschätzung wird hier gefolgt. Es geht dieser Einführung vordringlich um die Rekonstruktion einer Denkbewegung.

Die Zurückhaltung gegenüber der Darstellung der Biographie ergibt sich auch daraus, dass es nur wenige autobiographische Zeugnisse und Gespräche gibt, in denen Bauman selbst zu seiner Biographie Stellung nimmt. Die wichtigste Informationsquelle ist nicht er selbst, sondern Janina Bauman. Sie hat in mehreren autobiographischen Büchern immer wieder, teilweise auch im Pseudonym, auf Zygmunt Baumans Weg verwiesen. Darüber hinaus gibt es einige neuere Gespräche zwischen Keith Tester und ihm, ebenso zwischen ihm und Peter Beilharz, in denen jedoch nie das Ganze der Biographie oder gar die biographische Motivation zu bestimmten Fragestellungen auftaucht. Insofern ist es legitim, das Werk unabhängig von der Biographie des Autors zu betrachten und diese nur als informativen Zusatz kursorisch zu skizzieren.

Zum Leben Baumans gibt es nur wenige Dokumente. Eine Rekonstruktion ist angewiesen auf die Integration verstreuter Äußerungen und Andeutungen. Vor allem auf zwei autobiographische Schriften Janina Baumans, *Winter in the Morning* (1986) und *A Dream of Belonging* (1988). Bauman wurde in einer armen jüdischen Familie Polens geboren. Von Anbeginn an litt die Familie nicht nur unter Armut, sondern ebenso unter einem weit verbreiteten Antisemitismus. Mit Ausbruch des 2. Weltkrieges floh die Familie nach Russland und 1943 trat Bauman der polnischen Armee in Russland bei. Nach dem Krieg wurde er Kapitän und politischer Offizier in einer größeren Militäreinheit bei Warschau und war, wie man der autobiographischen Schrift von Janina Bauman (1986: 45), in der Zygmunt Bauman unter dem Namen Konrad erscheint, entnehmen kann, überzeugtes Mitglied der polnischen Arbeiterpartei und Kommunist. 1948 heiratete er Janina und hatte später mit ihr drei Kinder. Seine vielversprechende Karriere in der Armee nahm 1953, zwischenzeitlich war er Major geworden und hatte ein Studium der Philosophie und Sozialwissenschaften aufgenommen, im Zuge einer antisemitischen Kampagne ein abruptes Ende, weil sein Vater sich angeblich nach den Möglichkeiten einer Emigration nach Israel erkundigt haben sollte. 1954 war die Verarbeitung dieses Ereignisses jedoch soweit abgeschlossen, dass Bauman in der Fakultät für Philosophie und Sozialwissenschaften an der Universität Warschau zu arbeiten begann. In den folgenden Jahren reiste er mehrfach ins Ausland, unter anderem an die London School of Economics, und wurde 1961 in Warschau Assistenzprofessor im Bereich Soziologie internationaler Beziehungen. Während dieser Zeit entwickelte sich Bauman zu einem von der Parteilinie unabhängigen Denker, der von dieser als aktiver Revisionist eingestuft und dessen Schriften der Zensur unterworfen wurden. In Zusammenhang mit dem 6-Tage-Krieg zwischen Israel und Ägypten kam es erneut zu einer antisemitischen Kampagne, die Ende März 1968 zur Entlassung Baumans aus dem Universitätsdienst führte. Noch in diesem Jahr emigrierte Bauman mit seiner jungen Familie nach Israel, um von dort über Stationen in Kanada, den USA und Australien schließlich 1971 Professor an der Universität von Leeds zu werden und dort bis zu seinem Ruhestand 1990/91 zu lehren und noch heute zu leben (Smith 1999: 38-41; Tester/Jacobsen 2004: 20-24).

2.   Die Struktur des Werks

Nach eigenem Bekunden sind es vor allem die zwei (Haupt-)Themen Arbeiterbewegung (1.) und Kultur (2.), die Bauman zeit seines Lebens beschäftigt haben (Bauman [1992] 1995: 242; Varcoe/Kilminster 1996: 215). Daneben sind noch die Problematik der gesellschaftlichen Funktion und Möglichkeiten der Soziologie (3.), die Auseinandersetzung mit dem Holocaust (4.) und die zeitdiagnostischen Auseinandersetzungen mit Moderne (5.), Postmoderne (6.), einer Ethiktheorie für die Postmoderne (7.) sowie die Skizze der Flüchtigen Moderne (8.) zu erwähnen. All diesen Auseinandersetzungen ist gemeinsam, dass sie die soziale und kulturelle Bedeutung von Ambivalenz als Fokus verwenden (9).
Vorab seien sie aufgelistet, um die Orientierung im Weiteren zu erleichtern:

1. Geschichte der Arbeiterklasse, der Arbeit und des Konsums (II.1)
2. Die Praxis der Kultur (II.2)
3. Funktion und Möglichkeit der Soziologie (II.3)
4. Der Holocaust (II.4)
5. Die Moderne (II.5)
6. Die Postmoderne (III.1)   *Tod, Unsterbl. dhheit und andere Lebensstrategien*
7. Ethisches Handeln (III – Exkurs)
8. Die Flüchtige Moderne (III.2)
9. Ambivalenz (II.5)

1.   Am Anfang seines wissenschaftlichen Schaffens stehen vor allem die Auseinandersetzung mit der Geschichte der Arbeiterbewegung und der Industrialisierung. Sein erstes Werk *Between Class and Elite* (1960) beginnt die Auseinandersetzung mit der Geschichte der Arbeiterklasse. Sie geht über zu einer Analyse der Bedeutung der Erinnerung an die Klassengeschichte für die Klasse in *Memories of Class* (1982) und endet mit *Work, Consumerism and the New Poor* (1998). Diese über fast vierzig Jahre hinweglaufende Auseinandersetzung demonstriert uns eine jeweils veränderte Diskussion des Verhältnisses der Arbeiter zum Kapitalismus und der Veränderungen der Arbeit.

In der erstgenannten Arbeit analysiert Bauman vor allem, wie es in der geschichtlichen Entfaltung der Arbeiterbewegung zur Herausbildung einer eigenständigen Arbeiterelite, d.h. einer Gruppe von Funktionären kommen konnte, die einer von der Dynamik der Arbeitsorganisation in Betrieben abgelösten Organisationsstruktur folgen und sich innerhalb kurzer Zeit von ihren Wurzeln in der Arbeiterschaft entfernten. Das zweite Buch hingegen rekonstruiert die Geschichte der Arbeiterbewegung, um zu zeigen, dass sich das historische Konfliktfeld verändert hat und heutige Auseinandersetzungen um andere Probleme kreisen. Der dritte Titel nimmt die Problematik von Arbeit und Armut unter veränderten gesellschaftlichen Bedingungen, nach dem Ende des protestantischen Arbeitsethos, nochmals auf: Mit dem Übergang zur Konsumgesellschaft verändern sich Rolle und kulturelle Interpretation der Arbeit und dadurch auch das Verständnis von Armut.

2.   Ein zweiter thematischer Block dreht sich um die kulturalistische Praxistheorie oder, anders formuliert um die Praxis der Kultur. Hier diskutiert Bauman vor allem zwei Fragen: Einerseits: Wie ist das Verhältnis von Kultur und Gesellschaft zu denken? Andererseits: Wie ist im Rahmen dieser Verhältnisbestimmungen die Soziologie zu verorten, was bedeutet es, soziologisch denken? Diese Auseinandersetzungen reichen von 1972-1990. Sie beginnen mit *Culture as*

Praxis ([1973] 1999) und enden mit *Thinking Sociologically* ([1990] 2000 dt.: Vom Nutzen der Soziologie).

Kultur ist Bauman ein System der Entwicklung von Bedeutung durch die Zuweisung von Sinn ([1973] 1999), welches dem Menschen die Bewältigung des hiatus irrationalis gestattet. Der Mensch steht der Welt gegenüber und kann sich in ihr nur orientieren, wenn es ihm gelingt, innerhalb vielfältiger Bedeutungen eine als die maßgebliche zu fixieren. In der frühen semiotischen Kulturtheorie wird gezeigt, wie dieser Prozess durch den Einsatz von kultureller Deutungsmacht vorangetrieben wird. Denn Sinnzuschreibung ist nicht nur ein Prozess der Wahl zwischen verschiedenen Sinnhorizonten, sondern er ist vor allem ein Prozess der Limitierung, der Eingrenzung wählbaren Sinns. Diese Einschränkung von Sinnhorizonten kann in der Praxis der Kultur nur mittels des Einsatzes von Deutungsmacht gelingen. Am Anfang jeder Kulturentwicklung steht der Prozess der Fixierung von Bedeutung durch den machtgestützten Ausschluss anderer Bedeutungen und die Zuwendung zu einem bestimmten Deutungshorizont.

Durch den machtgestützten Ausschluss von Bedeutungen wird soziale Ordnung erzeugt, indem der potentiell unbegrenzte Möglichkeitsraum von Bedeutung limitiert wird. Dadurch wird zugleich, analog der klassisch-anthropologischen Argumentationsfigur von Arnold Gehlen (1952), Freiheit ermöglicht. Bauman skizziert in *Culture as Praxis* einen Zugang zur freiheitsverbürgenden Dynamik der Genese von Kultur, indem er die Entstehung kultureller Bedeutung in ihrer Angewiesenheit auf machtgestützte Prozesse der Festlegung von Bedeutung aufzeigen kann.

Kulturelle Praxis als Praxis der Erzeugung von Sinn erzeugt Ordnung und ermöglicht Autonomie durch die Limitierung von Sinn. Ambivalenz ist deshalb Merkmal jeder Kultur (mit kritischem Unterton betont dies Matthes 1994) und Kultur nichts anderes als die Bearbeitung ihres Ursprungs aus der Ambivalenz. Denn zwischen Ordnung und Freiheit ist notwendigerweise das Feld der Mehrdeutigkeiten, der Unentscheidbarkeiten, der Ambivalenzen aufgespannt. Bereits in der frühen semiotischen Kulturtheorie ist Ambivalenz Voraussetzung und Ergebnis grundlegender Prozesse der Konstitution des Menschen als eines kulturellen Wesens.

3.   Aus dieser Auseinandersetzung geht eine dritte thematische Schwerpunktsetzung hervor. Sie betrifft die gesellschaftliche Funktion und Möglichkeit der Soziologie. Einerseits kehrt hier, in *Socialism: The Active Utopia* (1976a), ein Moment wieder, das bereits in der Auseinandersetzung mit der Geschichte der Arbeiterklasse Bedeutung hatte: die Funktion der Utopie für gesellschaftliche Bewegungen. In diesem Zusammenhang entwickelt Bauman in *Hermeneutics and the Social Sciences. Approaches to Understanding* (1978) seine Konzeption

einer Soziologie als hermeneutische Sozialwissenschaft. Dies führt ihn neun Jahre später zur Diskussion der Frage, welche Stellung Wissenschaft in einer Gesellschaft hat, welche Möglichkeiten, welche Erkenntnisse die Wissenschaft der Gesellschaft anbieten kann? *Legislator and Interpreters* (1987) befasst sich mit der Möglichkeit einer emanzipatorischen Soziologie und zeichnet deren historische Entwicklung nach. Dabei weist Bauman darauf hin, dass sich die Soziologie im Zuge ihrer Entfaltung von einer gesetzgebenden Wissenschaft schrittweise zu einer Interpretationsangebote zur Verfügung stellenden Wissenschaft transformiert hat. In diesem Zusammenhang ist dann schließlich seine spätere Arbeit *Freedom* (1988) zu erwähnen. In ihr entfaltet er die Einschätzung der Soziologie als eine Wissenschaft der Unfreiheit die auf Freiheit zielt.

4.   Dieser erste erkenntnistheoretisch geprägte Zugang zu einer emanzipatorischen Wissenschaft Soziologie wird in den folgenden Jahren in seiner Auseinandersetzung mit dem Holocaust und mit der inneren Struktur der Moderne weiterentwickelt. Denn wenn es einen Übergang von Moderne zur Postmoderne gegeben hat, dann stellt sich die historisch interessante Frage: Wie geht die Moderne mit der Infragestellung ihres Ordnungsanspruchs um? Denn dass der machtgestützte Ordnungs- und Deutungsanspruch der Moderne ohne Auseinandersetzung, Kampf, Konflikt, wenn nicht gar Krieg aufgegeben wird, ist unwahrscheinlich. Nicht nur, weil das Deutungssystem Stabilität der Orientierung verspricht, sondern vor allem, weil dessen Ordnung bestimmten Interessen dient. So etwa dem Interesse des Nationalstaates, der sich erst entfalten kann, wenn sein Ordnungsanspruch innerhalb eines bestimmten Territoriums nicht in Frage gestellt werden kann.

Das führt Bauman zur Entfaltung seiner Auseinandersetzung mit dem Holocaust. In ihr wird die Geschichte des Genozids als eine typisch moderne Geschichte der Verfolgung und des Versuchs der Ausrottung einer ganzen Rasse rekonstruiert. Der Holocaust war kein Unfall der Geschichte und auch keine Konsequenz des deutschen Sonderweges. Vielmehr war der Holocaust eine in den Strukturen der Moderne und der Modernität angelegte Möglichkeit.

In seiner mit dem Amalfi-Preis ausgezeichneten Schrift *Modernity and the Holocaust* ([1989] 1991 dt.: Dialektik der Ordnung) sucht Bauman zu zeigen, dass der Holocaust eine in der Struktur der Moderne angelegte Möglichkeit war und ist, die sich – sofern die Strukturen der Moderne beibehalten werden – jederzeit wieder entfalten kann. Der Holocaust ist in den Augen Baumans als ein verzweifelter Versuch der Moderne zu verstehen, mit modernen Mitteln Unordnung und Uneindeutigkeit aus der Kultur zu entfernen. Im Holocaust geschah dies, indem die jüdische Bevölkerungsgruppe der offenen Verfolgung ausgesetzt wurde, weil sie im Ordnungsschema der Moderne nicht klassifiziert werden

konnte – Bauman formuliert dies selbst so: „Jews mean the impossibility of order" (1995: 213). Sie erinnerten beständig an ein Manko der Moderne, ihre begrenzte Ordnungsfähigkeit. Bauman zeigt in intensiven Studien, wie das Instru-
mentarium der gesetzgebenden Vernunft – Verwissenschaftlichung, Rationalisierung, Distanzierung von den Objekten, ein stark bürokratisch geprägtes verwal-
tungstechnisches Denken – eingesetzt wurde, um die Juden auszurotten, damit
der Ordnungsanspruch der Moderne doch noch durchgesetzt werden konnte.

5.   Dies führt Bauman nun direkt dazu, den Kern der Kultur der Moderne als
einen beständigen Kampf gegen die Ambivalenz, gegen das Uneindeutige, gegen
das nicht Klassifizierbare zu verstehen. *Modernity and Ambivalence* ([1991]
1995 dt.: Moderne und Ambivalenz) beschreibt mit Ambivalenz den inneren
Feind der Moderne, in dessen Bekämpfung sie sich konstituiert. Es ist dieser
Kampf, der auch die besondere Gewaltsamkeit der Moderne erzeugt (Bauman
1996). Denn soziale Verhältnisse müssen geordnet sein, und zwar geordnet
durch eine klare Klassifikation. Aber die Kultur der Moderne kann den Kampf
gegen die Ambivalenz nicht gewinnen. Ambivalenz ist unausrottbar, weil sie auf
ein Versagen der „Nenn-(Trenn-)Funktion" ([1991] 1995: 13) der Sprache zu-
rückgeht. Ambivalenz ist jeder sprachlichen Ordnungsstruktur inhärent, weil es
keine perfekte Klassifikation gibt und geben kann. Jede kulturelle Ordnung verweist auf das von ihr Ausgeschlossene, nicht Klassifizierbare und damit zugleich
auf das durch sie nicht Realisierte.
     Wird sich die Moderne ihrem Versagen angesichts des beständigen Schei-
terns im Kampf gegen die Ambivalenz bewusst, dann setzt der Übergang von der
Moderne zur Postmoderne ein. Ambivalenz, Toleranz und Freiheit sind in den
Augen von Bauman Chancen der Postmoderne, die über die Möglichkeit der
ordnungserzwingenden Moderne hinausgehen.

6.   Mit *Modernity and Ambivalence* ([1991] 1995 dt.: Moderne und Ambivalenz. Das Ende der Eindeutigkeit) ist auch das Buch benannt, in dem Bauman an
der Schwelle einer Diskussion von Moderne und Postmoderne steht. Von hier
ausgehend entwickelt er in mehreren Schritten eine Soziologie der Postmoderne,
die in einzelnen Phasen den Bereich der Soziologie im engeren Sinne verlässt
und in die Ethiktheorie hinüberwechselt. Insgesamt aber sind seine Schriften seit
1991 bis zum Erscheinen von *Liquid Modernity* ([2000] 2003 dt.: Flüchtige Moderne) geprägt durch Analysen, die die Gegenwart von Gesellschaften als postmoderne Gesellschaften beschreiben.
     Zuerst ist hier vor allem *Intimations of Postmodernity* ([1991] 1995 dt.: An-
sichten der Postmoderne) zu nennen. Leitend sind dort für ihn die Fragen: Welche Forschungsstrategien sind angesichts der Postmoderne brauchbar? Welche

Konzepte werden benötigt, um die Postmoderne begreifen zu können? Welche Konsequenzen hat Postmodernität für die ethische und moralische Gestaltung des sozialen Lebens? Er beginnt mit einer Skizze der gesellschaftlichen Verfasstheit unter postmodernen Bedingungen. Diese materiale Beschreibung liefert Anhaltspunkte, um sich der Frage nach der angemessenen Form der Soziologie für die Analyse der Postmoderne zuzuwenden. Er hält fest, dass das herkömmliche moderne Vokabular der Soziologie ungeeignet ist, um der Postmoderne angemessene Erkenntnismöglichkeiten zur Verfügung zu stellen. Aber Bauman möchte auch keine postmoderne Soziologie entwickeln, sondern, da er davon ausgeht, dass die Postmoderne ein Bestandteil der Moderne ist, eine Soziologie der Postmoderne aufbauen, um nicht in die Beliebigkeit einer postmodernen Soziologie abzugleiten.

Sodann folgt *Mortality, Immortality and Other Life Strategies* ([1992] 1994 dt.: Tod, Unsterblichkeit und andere Lebensstrategien), ein Buch, das sich mit der sozialtheoretischen Frage nach der Bedeutung des Todes in der Gesellschaft auseinandersetzt und zeigt, wie auch hier das Ausgeschlossene in der gesellschaftlichen Praxis wiederkehrt. So wird der Tod zwar aus der gesellschaftlichen Wahrnehmung heraus gedrängt, aber mit seinem zumeist plötzlichem und unerwartetem Eintreten tauchen die ausgeschlossenen Fragen nach der individuellen und kulturellen Bedeutung des Todes wieder auf. Auch hier finden wir die Figur, die wir in der Auseinandersetzung mit den Strukturen der Moderne bereits erkannt hatten: Das Ausgeschlossene Dritte ist die Ursprungsbedingung von Gesellschaftlichkeit und kehrt doch in dieser wieder.

Postmoderne bedeutet auch, dass sich die Struktur der Politik bedingt durch Globalisierung und die schrittweise Entmachtung des Nationalstaates verändert. Vor allem in seinen Schriften *Globalization* (1998), *In Search of Politics* (1999) sowie in *Society under Siege* (2002) verfolgt Bauman die Frage: Wie kann Politik unter postmodernen Bedingungen gestaltet werden? Es ist in seinen Augen die Zerstörung des Politischen, die Politik in der Postmoderne problematisch werden lässt. Politik in der Moderne war gekennzeichnet durch das Deutungs- und Gewaltmonopol des Staates sowie durch eine klar geregelte Struktur des Zusammenhangs von Öffentlichkeit und Privatheit. In der Postmoderne zerfällt diese festgefügte Struktur und es bleibt die Frage zurück: Wie kann diese Struktur neu belebt werden, so dass Politik gestaltet werden kann?

7.   *Intimations of Postmodernity* legt gemeinsam mit *Modernity and the Holocaust* auch erste Pfade hin zu einer Ethik der Alterität, einer Ethik der Verantwortlichkeit, die er in *Postmodern Ethics* ([1993] 1995 dt.: Postmoderne Ethik) expliziert. Ausgehend von einer Kritik der für typisch modern gehaltenen Ethik Kants als einer formalen und an einem universalistischen Gesetzbegriff orientier-

ten ethischen Maxime zeigt Bauman, dass der kategorische Imperativ auf der Idee der gesetzgebenden Vernunft beruht, aber unter postmodernen Bedingungen (allerdings auch unter allen anderen Bedingungen) nicht arbeiten kann. Denn er wird der Realität des menschlichen Daseins nicht gerecht, das durch Ambivalenz, Irrationalität und eine unüberschaubare Menge an Konsequenzen einzelner Handlungsentscheidungen ausgezeichnet ist. Kurz: Ethisches Räsonieren in Form des kategorischen Imperativs kann der Komplexität ethischer Entscheidungssituationen nicht genügen.

Von dieser Kritik an einer modernen Ethik ausgehend, entwickelt Bauman das Modell der Ethik der Alterität. Ethisches Handeln ist dort gebunden an einen moralischen Impuls, der allen Menschen eingeboren ist. Zudem ist in der moralischen Situation der ethisch Entscheidende vollständig mit der Ambivalenz einer ethischen Problemsituation konfrontiert und kann diese überhaupt nur bewältigen, wenn er sich ihr vollständig stellt. Das bedeutet vor allem, sich vollständig der Verantwortung für den Anderen zu stellen, dem Anderen Vorrang vor sich selbst einzuräumen.

Besonderes Augenmerk hatte Bauman bereits früher der individuellen Rezeption und Reaktion auf die Spannung zwischen Moderne und Postmoderne geschenkt. Unter Rückgriff auf Freuds Arbeit über das Unbehagen an der Kultur formuliert er in *Postmodernity and its Discontents* ([1995] 1997 dt.: Unbehagen in der Postmoderne) ein spezifisches Unbehagen an der postmodernen Kultur. Nicht mehr ist es nun das Übermaß an Ordnung, dass die Menschen zu Fluchtbewegungen treibt, sondern nun ist es das Übermaß an Freiheit, an eröffneten Möglichkeitsspielräumen, die zu einem Unbehagen an der Kultur führen, weil es mit übermäßiger Unsicherheit verbunden ist. Insofern findet sich ein zum Unbehagen an der Moderne spiegelbildliches Unbehagen an der Postmoderne, welches die Lebensweisen der Individuen als Bewältigungsversuche scheiternder kultureller Versuche der Selbstorganisation von Kultur und Gesellschaft verstehbar werden lässt.

8.   Insgesamt ergibt sich daraus für Bauman das Bild einer *Liquid Modernity*, ([2000] 2003 dt.: Flüchtige Moderne), einer Ordnungsform, die die Starrheit klassisch moderner Ordnungsansprüche einer Kultur verloren hat und sich nun im Prozess einer Entgrenzung und Formauflösung befindet, die seinerseits in eine neue Form, in die Form der Flüchtigkeit übergeht. Mit *Liquid Modernity* hat Bauman das gesellschaftstheoretische Pendant zum Bild der Kultur der Moderne als eines notwendigerweise scheiternden Ordnungsversuchs gezeichnet und offengelegt, dass die Postmoderne sich am Ende ihrer Entwicklung so verändert, dass nur noch von einer flüchtigen Ordnungshaftigkeit innerhalb beweglicher sozialer Strukturen zu sprechen sei.

Die Ordnung der Flüchtigen Moderne kann jedoch nur noch in Metaphern beschrieben werden. Ihre Ordnung entspricht keinesfalls mehr der gewaltsam Ambivalenz ausschließenden Ordnung der Moderne, aber auch nicht mehr der Ambivalenzzunahme der Postmoderne. In *Liquid Modernity* sowie in der *Individualized Society* (2001b) und in *Community* (2001a), skizziert Bauman die Grundlagen einer Ordnung, die vor allem ausgezeichnet ist durch ihre Flüchtigkeit und Beweglichkeit sowie durch das beständige Durchflutetsein mit Ambivalenz und zunehmender Individualisierung. Diese Tendenzen führen zu einer Flucht in die Idee der Gemeinschaft, weil diese Sicherheit zu versprechen scheint, aber, so Bauman, dies ohne Freiheitsverluste für das Individuum nicht realisieren könne.

Diesen Arbeiten hat sich seit der Einführung der Konzeption der *Liquid Modernity* eine schnell wachsende Gruppe von Büchern angeschlossen, die die Konsequenzen der Flüchtigkeit für gegenwärtige Lebensformen im Detail untersuchen: *Liquid Live* (2002), *Liquid Love. On the Frailty of Human Bonds* (2003), *Wasted Lives. Modernity and its Outcasts* ([2004] 2005 dt.: Verworfenes Leben. Die Ausgegrenzten der Moderne) und *Identity* (2004b). Auffallend an dieser Gruppe ist vor allem, dass die leitende Metapher zur Kennzeichnung der Gegenwart nicht mehr Postmoderne ist, sondern nun Flüchtigkeit und Flüchtige Moderne ihren Platz einnehmen (Jacobson/Michaelis 2006). Der Fokus der Analysen hat sich nochmals verändert. Nun geht Bauman von einer tendenziellen Auflösung des gesellschaftlichen Ordnungsgefüges aus – und schließt nochmals eng an Marx an: „Alles Ständische und Stehende verdampft" (Marx [1848] 1971: 529).

9.   Als gemeinsamer Fokus dieser vielfältigen Themen lässt sich das Konzept und die Perspektive auf Ambivalenz kennzeichnen. Damit wird nicht behauptet, dass Ambivalenz von Anbeginn des Werkes den expliziten Angelpunkt von Baumans Analysen darstellt. Aber in der rückschauenden Rekonstruktion zeigt sich, dass die Interpretation des Werkes in dieser Perspektive zumindest für alle Arbeiten seit *Culture as Praxis* ([1973] 1999) die vielfältigen Themen in einen kohärenten Rahmen zu integrieren erlaubt.

Anfänglich der Werksentwicklung fungiert Ambivalenz in den sozialtheoretischen Überlegungen der Kulturtheorie als Ursprung und Herausforderung zum Aufbau einer Wissensordnung. Später wird die gesellschaftliche Bekämpfung auftretender Ambivalenzen in den Mittelpunkt der Rekonstruktion der Moderne gestellt, weil Ambivalenz eine Schwäche des Ordnungsanspruchs der Moderne andeutet. Doch die Bekämpfung der Ambivalenz ist aussichtslos und zuletzt muss die Moderne ihre Niederlage eingestehen und den Weg zur Postmoderne freigeben. In dieser finden das Wirken und die Auswirkungen der Ambivalenz

immer weniger Grenzen und so überfluten sie das soziale, kulturelle und moralische Leben mit Ambivalenz bis hin zur Entstehung der Flüchtigen Moderne.

Wenn man diesen ersten kursorischen Überblick über die Werksgeschichte
betrachtet, so soll zusammenfassend noch mal an den Denkstil der hermeneutischen Wiederannäherung an Problemstellungen und ihre wechselseitige Verknüpfung miteinander erinnert werden. Keiner der hier für die Hinführung ge-
trennt dargestellten Stränge seines Denkens bleibt je für sich stehen. Vielmehr
werden sie an unterschiedlichen Stellen wechselseitig über die verbindende Zentralität der Ambivalenz miteinander verknüpft und schaffen so ein kohärentes in
sich geschlossenes Werk, dass den Übergang von der Ordnung der Moderne zur
Flüchtigen Moderne rekonstruiert.

II. Die Auseinandersetzungen mit der Moderne

1. Geschichte der Arbeiterklasse, der Arbeit und des Konsums

1972 erschien die ins Englische übertragene Studie *Between Class and Elite. The Evolution of the British Labour Movement. A Sociological Study* ([1960] 1972). Sie arbeitet an der sozialtheoretischen Rekonstruktion der Geschichte der Arbeiterklasse, der Arbeiterorganisation und der Arbeiterelite. Sie ist keine historische Studie, sondern eine idealtypische theoriegeleitete Rekonstruktion historischer Prozesse unter Verwendung bekannten empirischen Materials: „This is not a study which should be judged by the standards of historiography. ... the book was based mainly on a secondary analysis of data already gathered and processed by others ... Its contribution was configurational. Not substantive: it was the result of applying a new approach and reorganising the known empirical material in a new analytical perspective." ([1960] 1972: ix)

Der Ausgangspunkt besteht in der Loslösung von der teleologischen Geschichtsphilosophie des Marxismus. An ihre Stelle tritt eine unter Anleihen bei der Systemtheorie operierende Analyse der Strukturen der Klasse, ihrer Organisation und ihrer Elite. Alle drei Elemente gelten Bauman als je eigenständige Subsysteme, aus deren wechselseitiger Verknüpfung und Interaktion sich erst die Richtung der geschichtlichen Entwicklung ergibt. Dieses Modell ist offen für die kontingenten Konstellationen und Kräfteverhältnisse zwischen den Beteiligten. Denn der Verlauf einer Auseinandersetzung hängt von den konkreten Relationen, den Kräfteverhältnissen, der Konfliktbereitschaft und der Dynamik zwischen den drei Systemen ab. Er lässt sich nicht aus der abstrakten Logik einer teleologischen Annahme ableiten.

Es wird keine deterministische Deutung der geschichtlichen Entwicklung vorgenommen. Vielmehr wird der geschichtliche Prozess als Resultat der Interaktionen zwischen den Subsystemen begriffen. Sein Verlauf ist prinzipiell offen, weil es von den Konstellationen zwischen den Subsystemen abhängt, welche Richtung der gesamte geschichtliche Prozess nimmt. „The ‚structure of the class', ‚strucure of the organisation' and ‚structure of the elite' having been isolated as heuristically useful ‚sub-systems', their actual interaction and reciprocal impact are the matter of empirical historicl study." ([1960] 1972: xii)

Zu diesem Zweck wird die Geschichte der englischen Arbeiterklasse rekonstruiert, indem sie in vier Perioden unterteilt wird: 1750-1850 als embryonale Phase, 1850-1890 als Zeitraum, in dem die Arbeiterbewegung Gestalt gewinnt,

1890-1924 als die Massenarbeiterbewegung entsteht und 1924-1955 schließlich die Phase der Konsolidierung der Arbeiterbewegung. In dieser Periodisierung untersucht Bauman jeweils detailliert unter Rückgriff auf das vorliegende historische Material, wie sich die einzelnen Subsysteme entwickelt haben.

1. Phase Zuerst skizziert er die Voraussetzungen der Entstehungsgeschichte einer Arbeiterklasse in der embryonalen Phase. Diese ist vor allem gekennzeichnet durch eine Herauslösung einerseits der ländlichen Bevölkerung aus ihren Dorfgemeinschaften, die Auflösung und Gefährdung der Familiengemeinschaften und die für die pauperisierte Masse zumeist gegebene Nichteinordnung in eine Berufshierarchie. Auf der anderen Seite skizziert er die Entstehung einer Arbeiterelite, die aufgrund ihrer beruflicher Kenntnisse einen Entwicklungsvorsprung im Hinblick auf ihre Fähigkeit zur Integration und damit auch zur Einlösung des gesellschaftlichen Statusversprechens hatte, weil ihr Status bereits durch ihre Integration in eine Berufshierarchie gesichert war.

Zeichnete sich also die Masse der neu entstehenden Arbeiterschaft durch Verlust der Dorfgemeinschaft, der Familiengemeinschaft und eine nicht existierende Berufshierarchie aus, so gab es doch einen kleinen Kreis von Qualifizierten, die bereits, unter Rückgriff auf zünftische Abkunft, eine Berufshierarchie und einen klaren Berufsstatus ausgebildet hatten. Beide Bewegungen zusammen führten dazu, dass einerseits die Arbeiterklasse als eine amorphe fragmentierte und entfremdete Masse gekennzeichnet wurde, der auf der anderen Seite der Kern einer künftigen Arbeiterelite gegenüber stand: „persons totally unaccustomed to regular work and lacking any occupational skills found themselves together with the master craftsmen of yesterday, men who were accustomed to associate high social values with their craft and to guard its mysteries jealously." ([1960] 1972: 12)

2. Phase In der zweiten Phase beginnt bereits die Stabilisierung einer Arbeiterelite, die zurückgreift auf das ursprüngliche Modell einer schon existierenden Berufshierarchie und sich auf zwei Wurzeln beziehen kann. Bauman greift die Diskussion unter den Historikern auf, ob es die Arbeiterverbände oder die Gilden waren, aus denen die technokratische Arbeiterelite erwachsen ist. Er führt beide Deutungen zusammen, indem er auf die Teilung der Arbeiterklasse verweist und richtig stellen kann, dass beide Thesen, jeweils in spezifizierter Form, richtig sind.

Einerseits war für die Formierung der Arbeiterbewegung ihr Rückgriff auf die entstehende Tradition der Arbeitervereine und Arbeiterverbände wichtig. Andererseits war für die Entstehung einer Arbeiterelite, die später zur Führung der Arbeiterorganisation wurde, der Rückgriff auf die aus den Zünften und Gilden erwachsende Berufshierarchie bedeutsam. Beide Thesen des geschichtlichen Diskurses sind vereinbar, wenn man die Perspektive einer Teilung der Arbeiter-

klasse in eine fragmentierte, amorphe und entfremdete Masse einerseits und eine
hoch integrierte mit Berufshierarchien und Berufsstatus versehene Arbeiterelite
andererseits einnimmt. „To sum up, therefore, there were, among the population
from the working class was later to evolve, two fundamentally different groups
at this time: one was amorphous, while the other had an occupational structure
that was finely shaped and strong in traditions" ([1960] 1972: 20).

Die dritte Phase der Rekonstruktion zeigt deutlich, wie sich nun die Arbei- *3. Phase*
terklasse formiert, nach sozialem Status strebt und dabei durch die entstehende
Arbeiterhierarchie und Arbeiterelite stabilisiert wird. Der Staat unternimmt vermehrt Anstrengungen, um die Arbeiterschaft zu integrieren und den durch den
Kapitalismus ermöglichten Versprechen auf Statuszuweisung gerecht zu werden.
Die Arbeiterelite setzt sich hierfür ein, verfolgt unabhängig davon aber auch
eigenständige Ziele, die zu einer wachsenden Diskrepanz zwischen Arbeiterklasse, Arbeiterbewegung und der Arbeiterelite führen.

Hatte sich bereits in der Analyse der zweiten Phase gezeigt, dass die Dis- *4. Phase*
krepanz zwischen Arbeiterklasse, Arbeiterbewegung und Arbeiterelite wuchs
und sich zu verfestigen begann, so zeigt sich in der vierten Phase, die von 1924 –
1955 reicht, dass einerseits die Arbeiterklasse zunehmend ein Klassenbewusstsein gewinnt und die Klassenhierarchie anzuerkennen beginnt. Auf der anderen
Seite verwirklichte die Arbeiterbewegung schrittweise die Einbindung der Arbeiterschaft in die Gesellschaft und entwickelt mit der Stabilisierung dieses Erfolges
tendenziell einen auf den Erhalt des erreichten Status zielenden Konservatismus
in der Orientierung.

Unabhängig davon sind die Entwicklungen in den Strukturen der Arbeiterelite, die weiterhin der Selbstrekrutierung aus der Berufselite unterliegt. „This
particular period in the history of the labour movement was distinguished by,
inter alia, the rise of a working class elite created by the movement itself."
([1960] 1972: 110)

Die Analysen zeigen insgesamt, dass mit der idealtypisch verwendeten sys-
temtheoretisch inspirierten Deutung der Geschichte der englischen Arbeiterklasse ein Beitrag zur Demystifizierung der marxistischen Geschichtsphilosophie
geleistet werden kann. Denn die verwendete systemtheoretische Perspektive
stellt vor allem die Aspekte von Dynamik und Stabilität des wechselseitigen
Zusammenhangs zwischen den als autonom betrachteten Subsystemen der Arbeiterklasse, der Arbeiterbewegung und der Arbeiterelite in den Mittelpunkt. Die
Rekonstruktion demonstriert, dass die Abwendung von der marxistischen Geschichtsphilosophie zu einer inhaltlich offenen Analyse der Geschichte der Arbeiterklasse beitragen kann.

Die analytische Dreiteilung der Geschichte der Arbeiterbewegung, der Arbeiterelite und der Organisation der Arbeiter ist nicht nur hilfreich, um die Dy-

namik des geschichtlichen Entwicklungsprozesses erfassen zu können. Vielmehr kann damit eine Schwachstelle der Analysen von Marx ausgeglichen werden. Marx rekonstruiert die Geschichte der Entstehung einer Arbeiterbewegung selber nicht. Für ihn ist die Arbeiterbewegung eine kompakte, im Prinzip unmittelbar gegebene Gruppe und Größe, an die sich seine politischen Hoffnungen knüpfen. Dabei übersieht er, dass es gerade die Geschichte der Arbeiterbewegung ist, die zeigt, wie umkämpft, wie schwierig die Etablierung einer Arbeiterbewegung war. Verlässt man die eingespielte Annahme von Marx, kann man erkennen, dass die Geschichte der Arbeiterbewegung die Geschichte der Etablierung der Arbeiterbewegung ist.

In dieser Perspektive erweist sich dann auch die Arbeiterbewegung in eins als soziales und kulturelles Projekt. Als soziales Projekt erweist sich die Arbeiterbewegung, weil es um die Teilhabe am gesellschaftlichen Reichtum und an gesellschaftlichen Statuspositionen geht. Und als kulturelles Projekt erweist sie sich, weil mit der Arbeiterbewegung das Selbstverständnis der Arbeiterklasse einen Kristallisationspunkt findet, der die Eigenständigkeit einer kulturellen Arbeiterschaft definiert. Erst vor diesem Hintergrund wird die besondere Bedeutung der Arbeiterbewegung erkennbar. Die Arbeiterbewegung realisiert ein soziales und kulturelles Projekt, das zuletzt auf die Veränderung gesellschaftlicher Herrschaftsverhältnisse und der kulturellen Formation der Gesellschaft zielt.

Aber sie zeigt auch, dass Bauman, obwohl dieses Buch für die Übersetzung 1972 zum zweiten Mal aufgelegt wurde, sich nicht mit der seit 1960 hinzugekommenen Literatur auseinandersetzen wollte. Zu verweisen ist etwa auf die wichtige sozialgeschichtliche Analyse von Thompson ([1963] 1987) zur englischen Arbeiterklasse. Sie hinterlässt, obwohl sie Baumans Analyse stützt, keine Spuren in der zweiten Auflage. Dies mag auch damit begründet sein, dass Baumans Rekonstruktion auch unter Berücksichtigung der zwischenzeitlich erschienen Forschungsbefunde nicht zu revidieren waren. Die Übersetzung ist keine überarbeitete Neuauflage. Sie ist zwar ergänzt um ein neues Vorwort, aber sie verbleibt im Rahmen der Analysen, wie sie Bauman 1960 in Polen vorgenommen hat (Smith 1999: 70).

In den 60er Jahren beginnt eine weit reichende Wohlstandssteigerung in den Kernländern Europas und verändert deren Sozialstrukturen und vor allem die gesellschaftliche Position und Aspiration der Arbeiterschaft (exemplarisch für Deutschland: Brock 1988; 1991; Mooser 1983). Auch in England verändern sich die Klassenverhältnisse. Es war nicht mehr deutlich, ob noch von einer Klassengesellschaft gesprochen werden könne. Der Begriff der Klassengesellschaft erschien unter diesen veränderten Bedingungen eher geeignet für die Formationsphase von Klassen und der Arbeiterbewegung im 19. Jahrhundert, er schien gebunden an die Durchsetzung der industriellen Revolution und der Entstehung des Kapitalismus. Fraglich war, ob der Begriff nach der einsetzenden Transformation noch angewendet werden konnte.

Dieser Frage wendet sich Bauman in *Memories of Class. The Pre-history and After-life of Class* (1982) zu. Er hält fest, dass vor allem in der zweiten Hälfte des 19. Jahrhunderts von einer Klassengesellschaft gesprochen werden könne, welche durch den Gegensatz zwischen Kapital und Arbeit geprägt war. Seine Hauptakteure zielten darauf ab, beruflichen und sozialen Status auch für die Arbeiterklasse zu sichern. Durch den Aufbau institutioneller Garantien für die Wahrung des Gruppenstatus wurde individuelle Sicherheit hergestellt und die Entstehung einer selbstbewussten Arbeiterklasse befördert.

„According to the first hypothesis, the articulation of class society as an almost century-long process which culminated in the first part of the nineteenth century. It was an essentially unintended and unanticipated effect of a struggle to restore social institutions guaranteening group status and individual security in a historical configuration which these institutions could not effectively serve" (1982: 4). Wenn aber das gesellschaftliche Versprechen auf sozialen und beruflichen Status nicht mehr eingehalten werden kann, weil weder der Staat noch die anderen Akteure des wirtschaftlichen Geschehens die Entwicklung kontrollieren können, dann muss von einer Krise der Klassengesellschaft gesprochen werden. Diese Krise diagnostiziert Bauman im England der 80er und 90er Jahr und hält deshalb das Konzept der Klassengesellschaft nicht mehr für angemessen.

Gerade diese Krise der Klassengesellschaft macht es für Bauman dringlich, nochmals auf den originären Konflikt der Formation der Klassengesellschaft zu verweisen. Dies war kein Kampf der zwischen Verteilungsinteressen ausgeführt wurde. Es ging nicht darum, wer welche Anteile am erzeugten Mehrwert erhält. Sondern es ging vor allem darum, welche Kontrolle die Produktionsmittelbesitzer über die Arbeiter haben. Der Kampf der Arbeiterklasse drehte sich vor allem um die durch das Kapital induzierte Kontrolle ihrer Körper, „this was a battle for control over body and soul of the producer, and not for the division of surplus value" (1982: 18). Das bedeutet, eine richtige Interpretation des Gedächtnisses der Arbeiterklasse muss deutlich herausarbeiten, dass der Klassenkonflikt ursprünglich kein Verteilungskonflikt war, sondern ein Konflikt um die Verfügung über die Körper und die Zeitnutzung der Arbeiter. In der Differenz zwischen beiden Konflikten bildet sich die voranschreitende Entwicklung einer Arbeiterklasse und der Arbeiterbewegung ab.

Für Bauman deutet sich in der Krise der Klassengesellschaft auch eine Veränderung im Modus der Integration der Gesellschaft an. Ist die Klassengesellschaft noch vorwiegend sozial integriert, über Mechanismen der Herstellung von Beziehungen, auch konflikthaften Beziehungen zwischen Arbeitern und Kapitalisten, so ist der Integrationsmodus in der Krise der Klassengesellschaft ein systemischer: Für die Gestaltung gesellschaftlicher Verhältnisse werden strukturelle Inkongruenzen und Widersprüche zunehmend entscheidend, während die Strukturen sozialer Beziehungen für die Ausgestaltung des gesellschaftlichen Systems schrittweise bedeutungslos werden.

Dreierlei an diesen Analysen ist bemerkenswert. Erstens spricht Bauman bereits 1982 von einer Krise der Klassengesellschaft in England. Allerdings geht er dabei nicht von einer Individualisierung der Sozialstruktur aus. Auch nimmt er nicht an, dass eine zunehmend gelingende Integration der Arbeiterschaft in die Gesellschaft trotz Krise der Klassengesellschaft anzunehmen sei. Die vor allem in Deutschland geführte Diskussion um Individualisierung und Sozialstruktur, um Klassen und Lebensstile, um die Verbürgerlichung der Arbeiterschaft und die Entwicklung einer neuen Form der Lebensführung der Arbeiterschaft führt Bauman mit Bezug auf Großbritannien nicht. Zu stark sind dort noch das Selbstverständnis und die Selbstinterpretation in Denkmodell der Klassen. Aber damit weisen die Überlegungen die für klassentheoretische Analysen übliche Verengung der Perspektive auf das Vokabular von Klassen als Großgruppen auf. Sie können deshalb nicht erkennen, dass sich möglicherweise Klassen als Großgruppe durch ihre Integration in die Gesellschaft sich auflösen und das Klassenbewusstsein schwindet.

Zum Zweiten ist festzuhalten, dass Baumans Analysen hier ein Motiv entwickeln, welches insbesondere in den Arbeiten zur Postmoderne wieder bedeutsam wird – die Verfügung über den Körper und die Körperkontrolle. Er kann aufweisen, wie die Einfügung der Arbeiterschaft in die entstehende Klassenhierarchie und die Erfordernisse der gesellschaftlichen Integration letztlich als ein Kampf um die Kontrolle des Körpers ausgetragen wird. Diese Körperkontrolle wird in der Postmoderne später in das Begehren nach einem gut funktionierenden, fitten Körper transformiert und dabei privatisiert. War der Versuch zur Kontrolle des Körpers während der beginnenden Industrialisierung Gegenstand einer kollektiven Auseinandersetzung, so wird er in der Postmoderne Objekt eines individuellen Bemühens.

Für diese Analysen der herausgehobenen Bedeutung der Körper- und Zeitkontrolle im Zuge der Durchsetzung einer Klassengesellschaft sprechen auch die historischen Erfahrungen aus der Zeit der Industrialisierung. Eine der Hauptschwierigkeiten der Industrialisierung war es, die an einen anderen Zeitrhythmus gewöhnte Landbevölkerung, die auf dem Weg in die Städte und in die entstehenden industriellen Arbeitsstrukturen und -prozesse waren, an eine neue Zeitstruktur zu gewöhnen. An Strukturen, die über die abstrakte und standardisierte Zeit der Uhren hergestellt wurden, im Gegensatz zur vorher üblichen Strukturierung über den jahres- und tageszeitlichen Rhythmus der Arbeit. Diese Aufoktroierung von Zeitkontrolle ist ein Beispiel für das von Bauman mit der Körperkontrolle angesprochene disziplinierende Moment einer Entwicklung, in der der Arbeiter erst zum zeitökonomisch verwertbaren Arbeiter gemacht werden muss.

Drittens geht Bauman davon aus, dass die gesellschaftliche Ordnung nicht ③ mehr nur eine vertikale Dimension hat, sondern dass diese durch eine horizontale Dimension ergänzt wird. Die vertikale Dimension entspricht der üblichen Differenzierung in verschiedene Klassen, während die horizontale Dimension das immer dringlicher werdende Problem von Inklusion und Exklusion erfasst. Mit der horizontalen Dimension gesellschaftlicher Strukturierung verschiebt sich die Bedeutung von Klassenkonflikten. Waren Klassenkonflikte Auseinandersetzungen um den „gerechten" Anteil am Wohlstand, so geht es in horizontalen Konflikten um Zugang, um Inklusion. Diese Konflikte werden jedoch in Konsumgesellschaft als individualisierte Konflikte ausgetragen, ohne sich noch der Möglichkeit einer kollektiven Organisation von Interessen versichern zu können.

16 Jahre später hatte sich die gesellschaftliche Situation erneut umfassend gewandelt. Die meisten industrialisierten Nationalstaaten standen unter einem verstärkten ökonomischen Globalisierungsdruck (Brock 1997a, 1997b; Friedrichs 1997; Giddens 1994), der es den Staaten immer schwerer machte, ihr Wohlstands- und Sicherheitsversprechen gegenüber der Bevölkerung verwirklichen zu können. Die Regulationsfähigkeit des Staates für die sozialen Verhältnisse in seinem Territorium gingen zurück und es dominierte die Wahrnehmung eines rein über wirtschaftliche Mechanismen integrierten weltgesellschaftlichen Zusammenhangs.

In diesem Kontext ist vor allem zu bemerken, dass die Nationalstaaten nicht mehr in der Lage waren, genügend Arbeit für ihre Bevölkerung zu schaffen. Arbeitslosigkeit und Armut wurden zu gesellschaftlichen Dauerproblemen. Für Bauman stellen sich damit zwei miteinander zusammenhängende Fragen. Zum einen: Können diese Gesellschaften noch als Arbeitsgesellschaften beschrieben werden oder müssen sie nicht vielmehr als Konsumgesellschaften aufgefasst werden? Und zum Zweiten: Hat sich, wenn dieser unterstellte Wandel von der Arbeits- zur Konsumgesellschaft zutrifft, die gesellschaftliche Bedeutung und Funktion der Armut verändert? Beide Fragen geht Bauman an, indem er untersucht, welche Bedeutung die gesellschaftliche Erzählung der Arbeitsethik, so wie wir sie dem Modell der protestantischen Ethik (Weber [1904/05] 1993) folgend kennen, im Übergang zu einer Konsumgesellschaft sowohl für die Gesellschaft wie auch für die Auffassung von Armut hat.

Die Arbeitsgesellschaft in der Tradition der protestantischen Ethik gedacht wird vor allem durch vier Prämissen gekennzeichnet. Die erste Prämisse ist, dass *1. Prämisse* alles auf Tausch reduzierbar ist ([1998] 1999: 9). Marx greift, so Bauman, zu kurz, wenn er richtig festhält, dass die einzige Ware, die der Arbeiter zu verkaufen hat, seine Arbeitskraft ist. Aber hinter diese, ökonomisch gesehen richtige

Formulierung muss zurückgegangen werden, um zu begreifen, dass die Ware Arbeitskraft nur zur Verfügung gestellt werden kann durch die Nutzung des Körpers. Aus anthropologischer Perspektive hat die Verfügung über den Körper Vorrang in der Analyse der Ware Arbeitskraft, denn sie ist die Voraussetzung, um die Ware Arbeitskraft verkaufen zu können. Erst der direkte Durchgriff auf die Körperkontrolle ermöglicht die Etablierung eines ökonomischen Systems, welches zur Regulation von Verteilungsinteressen in der Lage ist.

Nur für das unbedingt Notwendige zu arbeiten, muss, so die zweite Prämisse, als moralisch verwerflich erscheinen. Was ist damit gemeint? Arbeit erhält im Zuge der Durchsetzung kapitalistischer Vergesellschaftung einen kulturellen Eigenwert. Dadurch verändern sich die Rahmenbedingungen für die Aushandlung des Preises der Ware Arbeitskraft. Nun ist es nicht mehr nur die Reproduktion der Existenz, sondern zusätzlich die Gewinnung und Sicherung kultureller Identität und Teilhabe, die den Preis der Ware Arbeitskraft bestimmt.

In der wachsenden Betonung des kulturellen Eigenwerts der Arbeit deutet sich die dritte Prämisse an: Arbeiten erfüllt eine gesellschaftliche Funktion. Mit dieser Interpretation wird die Arbeit moralisch aufgeladen. An dieser Stelle setzt die Wirksamkeit der protestantischen Arbeitsethik an. Auch wenn die Prämisse banal erscheint, sie ist es nicht, weil ohne sie die umfassende Durchsetzung des kulturellen Eigenwerts der Arbeit kaum denkbar erscheint.

Viertens schließlich, dass jeder seine Arbeitskraft tatsächlich verkaufen kann. „The tacit presumption … is that most people have their working capacity to sell" ([1998] 1999: 5). Diese Prämisse verweist darauf, dass die Durchsetzung des Tausches der Arbeitskraft verlangt, dass der Arbeiter über seine Ware Arbeitskraft verfügen kann und sie aufgrund der Zwänge zur existentiellen Reproduktion dem Markt auch zur Verfügung stellt.

Wie wird Armut im Rahmen der protestantischen Arbeitsethik interpretiert? Geht man von dieser kulturellen Interpretation aus, dann sind Nichtarbeit und in ihrer Folge Armut das Verfehlen des gesellschaftlichen Standards. Das hat für den gesellschaftlichen Umgang mit Armut Konsequenzen. Wer nicht arbeitet und deshalb arm ist, wird von der gesellschaftlichen Teilhabe ausgeschlossen. Diese Exklusion wird zwar von sozialen Institutionen der Unterstützung, wie etwa Arbeitslosenunterstützung oder Sozialhilfen abgemildert. Aber diese Unterstützung trägt die Kehrseite der sozialen Kontrolle mit sich. Kontrolle über die Lebensbedingungen der Armen, die sich diesen Institutionen anvertrauen müssen.

Diese Verschränkung von Exklusion, Unterstützung und Kontrolle ist nach Bauman gesellschaftlich nötig, um die Möglichkeit einer normativen Integration über einen geteilten Arbeitsethos aufrecht zu erhalten. Wenn diese Repressionen wegfallen würden, ginge eine der Voraussetzungen normativer Integration in einer Gesellschaft der Arbeitsethik verloren, denn allein durch die Bereitstellung von (Arbeits)-Motivation lässt sich diese nicht erhalten. Die Kehrseite normativer Integration ist die Notwendigkeit repressiver Regulation der Armut.

Diese Prämissen, die in langen historischen Entwicklungsprozessen, die von Max Weber hinreichend skizziert wurden und als Veralltäglichung bekannt sind, geraten mit der Globalisierung unter Druck. Die gesellschaftliche Situation hat sich beim Übergang zu den 90er Jahren gravierend verändert. Nicht nur, dass die Globalisierung die Wirkungsweise und die Regulationsfähigkeit des Sozialstaates eingeschränkt haben. Vielmehr noch, die Arbeitsgesellschaft wurde tendenziell in eine Konsumgesellschaft transformiert.

Betont werden muss, dass Bauman von einem tendenziellen Übergang spricht. Es wird nicht behauptet, dass in gegenwärtigen Gesellschaften nicht mehr die Produktion von Gütern und Dienstleistungen der entscheidende Wertschöpfungsfaktor sei. Aber in der gesellschaftlichen Selbstinterpretation rückt die Bedeutung des Konsums immer stärker in den Vordergrund und die Bedeutung produktiver Arbeit tritt in den Hintergrund. Damit wird eine normative Integration auf der Grundlage eines Arbeitsethos unmöglich.

Mit dem Übergang zur Konsumgesellschaft verändert sich das zugrunde liegende Muster gesellschaftlicher Integration. Eine Konsumgesellschaft ist eine Gesellschaft der Wahl und sie ist in den Augen Baumans vor allem eine Gesellschaft, in der der Einzelne wählt. Im Zuge der Entstehung einer Konsumgesellschaft werden Wahlentscheidungen nicht mehr unter Rückgriff auf einen normativen und sozial verbindlichen Standard getroffen. Die Bezugspunkte der Wahlentscheidungen, aber auch die Bezugspunkte sozialer Kämpfe, sie sind nicht mehr Kollektive oder Großgruppen und ihre geteilten Normen. Referenz sind nun Individuen, die eine je einzelne und, so legt Bauman nahe, atomisierte Entscheidung fällen. An die Stelle des Arbeitsethos tritt, überspitzt formuliert, ein Konsumethos. „Normative regulation is thus ‚dysfunctional' and so undesirable for the perpetuation, smoothe functioning and prosperity of a consumer market, but it also appears repulsive to its clients." ([1998] 1999: 29)

Unter diesen Voraussetzungen verändert sich die Interpretation von Armut. War Armut in der Arbeitsgesellschaft noch auf das Unvermögen zum Verkaufen der eigenen Arbeitskraft bezogen und auf die damit unmögliche Teilhabe am gesellschaftlichen Reichtum, so wird in der Konsumgesellschaft Armut anders definiert: Armut bedeutet jetzt, zuzugeben, dass man nicht in der Lage ist, die richtige Konsumwahl zu treffen (Hogan 1998). Und damit tritt etwas Folgenschweres für den Umgang mit Armut ein: Arme und das Phänomen der Armut werden aus dem gesellschaftlichen Kontext exkludiert. Denn für sie trifft ja zu, dass sie dem gesellschaftlichen Programm der Freiheit der Wahl aufgrund von individuell zugeschriebener Unfähigkeit nicht folgen können. „If ‚being poor' once derived its meaning from the condition of being unemployed, today it draws its meaning primarily from the plight of a flawed consumer." ([1998] 1999: 1) Demgemäß sind sie aus der hochindividualisierten Kultur der Wahl auszuschließen und gleichzeitig, da sie diese Konsumkultur beständig in Frage stellen und dadurch bedrohen, mittels Repression unter Kontrolle zu halten. Armut erscheint in dieser Situation als eine Form der Degradierung. „As Ferge and Miller suggest, the recent renaissance of work-ethic propaganda serves the ‚separation of the deserving and non-deserving poor, putting the blame on the last, and justifying society's indifference to them' ([1998] 1999: 65).

Mit dem Übergang von der Arbeits- zur Konsumgesellschaft wandelt sich auch der Zusammenhang zwischen Bedürfnis und Bedürfnisbefriedigung. Unter modernen arbeitsgesellschaftlichen Bedingungen hat das Bedürfnis die Priorität und erst sekundär wird nach der Bedürfnisbefriedigung gestrebt. Unter postmodernen konsumgesellschaftlichen Gegebenheiten hingegen steht die Bedürfnisbefriedigung in der Unmittelbarkeit des Konsums an erster Stelle. Insofern höhlen postmoderne Konsumgesellschaften das noch die Moderne mit definierende Verhaltensmuster des Bedürfnisaufschubs aus.

Anders als in den Analysen von Daniel Bell (1983; 1991) analysiert Bauman diese Entwicklungen nicht unter der Perspektive eines möglichen Kulturverfalls oder eines möglichen Endes des Kapitalismus. Vielmehr stellt er die Frage nach der sich verändernden sozialen Integrationsform. Er verweist darauf, dass sich vor allem der Mechanismus der sozialen Kontrolle und der sozialen Einbindung der Individuen wandelt. Soziale Integration wird in einer postmodernen Konsumgesellschaft transformiert in die Gleichzeitigkeit zweier Mechanismen der Integration: Repression und Verführung. Beide laufen parallel zueinander und zielen auf verschiedene soziale Gruppierungen, die sich aus dem unterschiedlichen Zugang zu den Konsumchancen der Postmoderne ergeben.

Für diejenigen, für die die Teilhabe an den Konsumchancen möglich ist, ist die Verführung durch die Konsumchancen das Mittel zur individuellen Integration in den gesellschaftlichen Zusammenhang. Für diejenigen, die diese Wahlchancen nicht mehr haben, steht nur noch das Mittel der aus der Arbeitsgesellschaft stammenden panoptischen Kontrolle oder Repression zur Verfügung.

Tabelle 1:   Arbeit, Armut und Konsum in Moderne und Postmoderne

	Moderne	*Postmoderne*
Gesellschaftsform	Arbeitsgesellschaft	Konsumgesellschaft
Dominierender Ethos	(protestantischer) Arbeitsethos	(hedonistischer) Konsumethos
Orientierungsweise	Normative, soziale Standards	Private, individuelle Standards
Armutsbewertung	Folge von Unvermögen zum Verkauf der Arbeitskraft	Folge falscher Wahlenscheidungen
Form der Kontrolle	Repression	Verführung und Repression
Mittel der Kontrolle	Panoptikum	Synoptikum und Panoptikum

Dadurch wird eine gesellschaftliche Zweiteilung hergestellt zwischen denjenigen, die konsumieren können und denen, die nicht konsumieren können. Wer konsumieren kann, der wird dem neuen Modus der Kontrolle, dem Synoptikum, unterstellt, während die, die an den Konsumchancen nicht teilhaben können, weiterhin der Repression des Panoptikums unterworfen werden. Im Panoptikum Benthams (Foucault [1975] 1993: 258) wird der modellhafte Aufbau eines „idealen" Gefängnisses skizziert: Wenige Aufseher können, weil sie nicht gesehen werden können, viele Gefangene beobachten und kontrollieren. Die Nichtsichtbarkeit der Wächter macht die Effizienz dieses Kontrollinstruments aus, weil so die Internalisierung der Kontrolle herbei geführt wird.

Das Synoptikum, eine Idee von Mathiesen (1997), kehrt dieses Verhältnis um und macht die Vielen zu Beobachtern der Wenigen. Und doch unterwirft auch dies weiterhin die Vielen den Wenigen – etwa Stars und Sternchen -, weil die Nachahmung ihrer Lebenspraktiken die Aufgabe der eigenen Lebensvorstellung bedeutet. Das Synoptikum ist eine Kontrollform, die der Konsumgesellschaft angepasst ist. Denn es kann gewählt werden, welcher Nachahmung man sich unterwirft. Indem man wählt, welchen Star oder welches Vorbild man nachahmen möchte, wählt man zugleich die Form der Selbstkontrolle und Selbstdisziplinierung, die erst die Nachahmung erfolgversprechend erscheinen lässt.

Unter diesen Bedingungen arm zu sein bedeutet vor allem, sich als unfähig zu erfahren. Unfähig, die richtige Wahl zu treffen: „The underclass is the aggregate product of wrong individual choices; proof of the ‚choice incompetence' of its members." ([1998] 1999: 71) Daraus resultiert das Gefühl sozialer Degradierung, mit der Konsequenz, dass das innere Exil aufgesucht wird, der Rückzug von gesellschaftlichen Aktivitäten und Konsumchancen angetreten wird. Wenn diese Tendenz nun gepaart ist mit einem Wiedererstarken des Arbeitsethos bei denjenigen, die noch über Arbeit verfügen, so ist die gesellschaftliche Zweiteilung vollständig. Auf der einen Seite die, die ihren Bedürfnissen folgen und sie im Konsum realisieren können und auf der anderen Seite diejenigen, die aufgrund persönlich zugerechneter Unfähigkeit hierzu dem nicht folgen können. Die Gesellschaft als Ganze steht dieser letzten Gruppe indifferent gegenüber und betrachtet sie als depriviert. Es werden weniger Mittel eingesetzt, um diesen Gruppen zu helfen, weil die Unfähigkeit als eine individuell Zugerechnete rekonstruiert wird und folglich die Armen sich selbst überlassen werden ([1998] 1999: 65).

Eine Gesellschaft der Wahl, der Entscheidung ist etwas Neues. Auch die moderne Gesellschaft war eine Gesellschaft, die Wahlmöglichkeiten bereitstellte. Aber sie stellte sie in den Rahmen verbindlicher sozialer Vorgaben. Die Postmoderne setzt den Entscheidungsprozess der Individuen von kollektiven Vorstellungen frei. Die Entscheidung folgt nur noch individuellen Präferenzen jenseits sozialer Normierung, kollektiver Interessen oder kollektiver Konflikte. In postmodernen Gesellschaften wird der Entscheidungsprozess selber, der zur Teilhabe an der Gesellschaft führt, aus den gesellschaftlichen Vorgaben befreit. In diesem Sinne wird er dem Vergesellschaftungsprozess entzogen, obwohl er ihn gerade dadurch prägt.

Der Entscheidungsprozess, so rekonstruiert, führt Bauman zwingend zur Annahme einer sich schrittweise atomisierenden Gesellschaft, weil es das Band normativer Integration durch sozial verbindende Normen, Werten und auch Zwänge, nicht mehr gibt. Die daraus resultierende Gesellschaftsformation ist in seinen Augen die einer atomisierten, auf individuellen oder auch ideosynkratischen Entscheidungen beruhenden Gesellschaft.

In einer solchen Gesellschaft kann Bauman keine sozialen Großgruppen mehr erkennen und er kann nur noch von einem Zerfallen des Konstrukts der Gesellschaft sprechen. Postmoderne Vergesellschaftungsweisen erzeugen keine Gesellschaft, keine Klassen und keine kollektiven Großgruppen, sondern nur noch individualisierte, atomisierte Einzelne, die eine fragmentierte und episodenhafte Reproduktion des Sozialen in Bruchstücken aufrecht erhalten. Eine atomisierte, individualisierte Vergesellschaftung ist in den Augen Baumans die Konsequenz des Übergangs von der Arbeitsgesellschaft der Moderne zu einer Konsumgesellschaft der Postmoderne.

Wenn Bauman nach einer Lösung sucht, wie denn in dieser Situation eine dem Grundgedanken des naturalistischen Humanismus gerecht werdende gesellschaftliche Verfasstheit etablieren kann, so ist vor allem die Idee eines Grundeinkommens zu nennen. Hier wird an einen Vorschlag von Claus Offe (1996) angeschlossen. Aber Bauman erhofft sich mehr vom Grundeinkommen als Offe. Nicht nur eine Chance der Einkommenssicherheit, sondern er sucht auch eine Chance für die Politik. Denn es geht nicht nur darum, dass das Grundeinkommen vom Arbeitsmarkt zu trennen ist, weil der Arbeitsmarkt nicht mehr hinreichend Grundeinkommen für alle sichern kann.

Vielmehr verspricht sich Bauman davon die Einlösung einer politische Hoffnung: Ein Grundeinkommen, welches befreit ist vom engen Zusammenhang zwischen Arbeit und Einkommen, eröffnet auch denjenigen, die ihre Arbeitskraft nicht verkaufen können, weiterhin Teilnahme am gesellschaftlichen Leben, an einem bürgerschaftlichen Engagement. Dieses ist für die Aufrechterhaltung der agora und eine angemessene Balance zwischen Öffentlichkeit und Privatheit unverzichtbar. Dafür muss die Idee Offes um ein weitere ergänzt werden: „that of the decoupling of work from the labour market." ([1998] 1999: 96) Bauman zielt auf eine doppelte Entkopplung: Entkopplung des Einkommens vom Arbeitsmarkt und des Arbeitskonzepts von der Lohnarbeit. Gefordert wird, überspitzt formuliert, die Ablösung des protestantischen Arbeitsethos durch ein bürgerschaftliches Ethos.

Wie sind diese Überlegungen einzuschätzen? Einerseits ist die Rekonstruktion der Grundintentionen der protestantischen Ethik, so wie sie Max Weber formuliert hat, überzeugend. Bauman kann zeigen, dass die Arbeitsethik eine die sozialen Regulationsverhältnisse verändernde Wirkung auf die Gesellschaft gehabt hat. Er nimmt mit seiner Diskussion ein Thema auf, das Daniel Bell schon einmal aufgegriffen hatte und ihn dazu führte, anzunehmen, dass das Entstehen einer Konsumgesellschaft die Arbeitsethik zerstören könne, weil Konsum die Fähigkeit zum Bedürfnisaufschub schwächen würde.

Allerdings zieht Bauman anders als Bell keine kulturpessimistische Konsequenz. Denn er unterstellt, dass es zur Gleichzeitigkeit von Arbeitsethik und Konsumgesellschaft kommt. Beide sind verträglich, weil der Geltungsbereich ihrer unterschiedlichen Prinzipien durch die Zweiteilung der Sozialstruktur verschiedene soziale Gruppen erfasst. Es gibt einerseits eine Gruppe, die der Arbeitsethik weiterhin folgt und in der Konsumgesellschaft durch Verführung integriert wird. Auf der anderen Seite gibt es eine Gruppe, die der Arbeitsethik nicht mehr folgen kann und mit Repression unter Kontrolle gehalten wird. Die Arbeitsethik verschwindet nicht als Ganzes, sondern sie wird in ihrer Wirksamkeit für Teile der Bevölkerung außer Kraft gesetzt und für andere Teile der Bevölkerung ergänzt mit der Integrationsmöglichkeit einer Konsumgesellschaft, der Verführung durch den Konsum.

Anders verhält es sich mit seinen Überlegungen zur atomisierenden Kultur der Wahl (Warde 1994). Hier sind seine Überlegungen zu stark in Abgrenzung gegen die Konzeption gesellschaftlicher Großgruppen gearbeitet. Vor allem die Werke von Pierre Bourdieu ([1979] 1988) und Gerhard Schulze (1992) verweisen darauf, dass auch unter den Bedingungen einer Konsumgesellschaft gesellschaftliche Großgruppen entstehen können. Individualisierter Konsum verhindert nicht, dass es zur Bildung sozialer Großgruppen kommt. Am stärksten macht dies Bourdieu auf der Basis einer marxistischen Klassentheorie in *Die feinen Unterschiede* mit dem Konzept des Habitus und des Lebensstils deutlich. Der Habitus wird geprägt durch eine soziale Position und bestimmt Lebensstile, die sich als Konsummuster rekonstruieren lassen. Und Schulze, der marxistischen Perspektive abgewandt, argumentiert in der *Erlebnisgesellschaft* (1992) ebenfalls, dass es auch in einer Gesellschaft der existentiellen Wahl von Erlebnisweisen zur Bildung sozialer Großgruppen kommt.

Beide Argumentationen scheinen zur Beschreibung gesellschaftlicher Verfasstheit in der Postmoderne geeigneter zu sein als Baumans. Der Mangel seiner Analyse liegt vor allem darin, dass er die Wirkungen individualisierten Konsums als Atomisierung begreift, als Durchsetzung eines individualisierten Nutzenkalküls im Hinblick auf die Bedürfnisbefriedigung. Dass sich über Bedürfnisbefriedigung auch gesellschaftliche Muster und gesellschaftliche Gruppierungen ergeben, wird bei ihm nicht sichtbar, weil er das Konzept der gesellschaftlichen Großgruppe unausgesprochen vor dem Hintergrund der marxistischen Konzeption der Klasse als Großgruppe denkt. Dabei übergeht er die Möglichkeit, dass sich auch die Art der Formierung sozialer Großgruppen in der Transformation von der Arbeits- zur Konsumgesellschaft verändert hat.

2. Die Praxis der Kultur

Baumans Perspektive entfaltet sich als eine kulturtheoretisch orientierte Soziologie in *Culture as Praxis* ([1973] 1999). Deren Ausgangspunkt ist die Frage: Wie kann das Verhältnis von Kultur und Gesellschaft gedacht werden? Lange Zeit galt Kultur als ein Überbau der Gesellschaft ohne dass die Strukturierung von Gesellschaften mit Bezug auf die kulturelle Prägung von Gesellschaftlichkeit untersucht wurde. Diese konzeptionelle Problematik von Kultur und Gesellschaft hat sich bis heute gehalten, wie man etwa an den Diskussionen um die Einordnung der Kultursoziologie als eine Soziologie der Kultur oder aber als das eigentliche Kerngebiet der Soziologie wiedererkennen kann (Jung/Müller-Doohm 1994; Rehberg 1986; Tenbruck 1996). Auch Bauman deutet an, dass der Kulturbegriff im Verhältnis zum Gesellschaftsbegriff eine immanente Ambivalenz aufweist ([1973] 1999: xiii).

Anders aber als in der erwähnten Diskussion sieht Bauman in dieser Ambivalenz ein notwendiges Merkmal der Kultur. Die nicht auflösbare Ambivalenz des Kulturbegriffs hängt an der immanenten Ambivalenz der kulturellen Ordnungserzeugung, wie zwei Jahrzehnte später in *Modernity and Ambivalence* ausgeführt wird. Sie hängt auch an der Ambivalenz zwischen drei Kulturkonzeptionen, die nebeneinander bestehen und jeweils ihre eigene eingeschränkte Gültigkeit haben. Bauman unterscheidet ein hierarchisches, ein differentielles und ein generisches Kulturkonzept.

Das hierarchische Kulturkonzept baut zuletzt auf der Unterscheidung von ① Hochkultur und Alltagskultur auf und kann vermitteln, dass Kultur, vor allem in Gestalt der Hochkultur, eine kreative Schöpfung des Menschen darstellt, indem kulturelle Güter und Produkte erzeugt werden ([1973] 1999: 5). Allerdings warnt Bauman vor den normativen Implikationen dieses Konzepts, denn auch Alltagskultur hat für ihn die Merkmale der Kreativität und des Schöpferischen. Die scharfe Trennungslinie zwischen Hochkultur und Alltagskultur möchte er in wertender Hinsicht nicht nachvollziehen, weil sie die besonderen Fähigkeiten der Alltagskultur in der Auseinandersetzung mit widrigen Umständen unterschätzt bzw. gering schätzt.

Das differentielle Kulturkonzept kennen wir vor allem aus der Anthropologie. Hier erscheint Kultur in ihrer Eigenbedeutung und in ihrer Bezogenheit auf eine jeweilige Gruppe. Eine Gruppe oder eine Gesellschaft hat eine bestimmte Kultur und grenzt sich damit von einer anderen benachbarten oder auch fernen Kultur ab. Was in dieser differentiellen Konzeption von Kultur besonders hervorgehoben wird ist, dass Kulturen auch Differenzen zwischen verschiedenen Kulturen markieren. Diese Konzeption ist vor allem dazu in der Lage, die jeweilige Eigenständigkeit und Abgegrenztheit kultureller Zusammenhänge im Verhältnis zu anderen kulturellen Zusammenhängen zu verdeutlichen. Der Kern des differenziellen Kulturbegriffs ist die Differenz zwischen der eigenen und der anderen, fremden Kultur – „in its second meaning the term ‚culture' is employed to account for the apparent differences between communities of people." ([1973] 1999: 13) Diese Differenzsetzung darf jedoch nicht absolut gesetzt werden. Nicht nur, weil es im Zuge von Kulturkontakten zu einer zunehmenden Bekanntheit verschiedener Kulturen kommt. Sondern auch, weil die Absolutsetzung der Differenz zu einer Totalisierung des jeweils betrachteten Kulturraumes und seiner Werte führt, ohne zu bedenken, dass andere Werte auch möglich sind.

An diese Einschätzung des differenziellen Kulturkonzepts schließt auch seine spätere Kritik an der kommunitaristischen Gemeinschafts- und Kulturkonzeption an. Denn diese rekonstruiert im Rahmen der Verwendung eines differenziellen Kulturkonzeptes Kulturen als aus sich heraus bedeutsam und wertvoll, ohne noch vermitteln zu können, wie eine solche Kultur mit anderen Kulturen in einen

auf Anerkennung beruhenden Austausch treten kann. Es ist die totalisierende
Konsequenz des differenziellen Kulturkonzeptes, die Bauman nicht nur skeptisch
gegenüber den Möglichkeiten dieses Konzepts macht, sondern die auch zu seiner
Skepsis gegenüber der kommunitaristischen Sozialtheorie und ihrer Betonung
der Bedeutung der Gemeinschaft und ihrer Werte beiträgt. „The more successful
the differential concept is in splittimg the human scene in into a multitude of
unrelated, self-sufficient enclaves, the more strongly the need is felt to tackle the
problem of the essential unity of mankind." ([1973] 1999: 29)

Das generische Kulturkonzept schließlich hebt auf die Erzeugung von Kul-
tur als eines Möglichkeitsraumes ab. Dieser Möglichkeitsraum definiert das
Spektrum kultureller Handlungs- und Orientierungsweisen und lässt Kultur als
Ergebnis einer Praxis erscheinen. In dieser wird eine Matrix erzeugt, die unbegrenzte Permutationen zwischen ihren einzelnen Elementen ermöglicht. Dieses
Kulturkonzept öffnet die Kulturtheorie in Richtung einer Praxistheorie der Kultur. Kultur ist nicht nur aufzufassen als ein abgeschlossener Bereich mit hoher
Wertigkeit versehener kultureller Bedeutungen und nicht nur anzusehen als ein
entlang der Differenz von Hochkultur und Alltagskultur strukturierter Bereich.
Kultur ist vielmehr zugleich immer auch als ein Bereich der alltäglichen Erzeugung von kulturellen Produkten in der Auseinandersetzung mit kulturellen Problemen zu verstehen. Kulturentwicklung ist das Ergebnis der Auseinandersetzung
mit Kultur. In dieser werden Probleme, die sich in einen kulturellen Rahmen
stellen, in der Praxis gelöst. An dieser Stelle erkennt man, dass das generische
Kulturkonzept dasjenige ist, welches die engste Verbindung zur Marx'schen
Intention eines naturalistischen Humanismus hat, weil es die Kreativität und die
Bedürftigkeit des Menschen in den Mittelpunkt stellt.

Alle drei Kulturkonzepte weisen Vorteile und Nachteile auf. Der erkennbare
Nachteil des hierarchischen Konzepts liegt darin, dass die Differenz von Hochkultur und Alltagskultur gezogen und die Hochkultur als die höher bewertete
Teilkultur angesehen wird. Dieses nicht nur aus normativen sondern auch aus
inhaltlichen Gründen kritisierbare Konzept macht jedoch auch sichtbar, dass es
im alltagskulturellen Konzept selbst eine Differenzierung des Ausmaßes kultureller Leistungen gibt. Wenn man diesen schwächeren Sinn der Differenz von
Hochkultur und Alltagskultur hinnimmt, dann erweist sich auch das Konzept der
Hochkultur als ein für soziologische und kultursoziologische Analysen brauch-
bares Konzept. Das differentielle Konzept hat vor allem den Vorteil, dass es
Unterschiede zwischen Kulturen als Unterschiede zwischen kulturellen Lebensformen zu begreifen gestattet. Der Nachteil ist, dass es die wechselseitige Ver-
wobenheit unterschiedlicher kultureller Ausdrucksformen untereinander nicht zu
verstehen erlaubt, weil die Kultur in ihrer jeweiligen Eigenbedeutung zugleich
als eine unveränderliche Größe gilt, die den Wertbezug durch die Annahme un-

hinterfragbarer Traditionen sichert. Das generische Kulturkonzept schlussendlich hat den Vorteil, dass es die Genese von Kultur gut beschreiben kann, allerdings geht dies mit dem Nachteil einher, dass Veränderungen der Matrix der Kultur, Veränderungen der Regeln der Permutation kultureller Muster, nicht rekonstruiert werden können.

Insgesamt verdichten sich die Überlegungen von Bauman zum semiotischen Programm einer kulturtheoretischen Soziologie. Sie will den notorischen Dualismus der soziologischen Analyse vermeiden, einerseits auf Handlungen zu fixieren oder andererseits von der Strukturseite her zu denken und darauf zu fokussieren. Beide erscheinen ihm als je einseitige Alternative, die erst in ihrer wechselseitigen Komplementarität ein umfassendes soziologisches Programm ergeben können. „Once again the structural semiotic approach to human praxis offers a chance of a new and cogent solution of the old problem. The clue is provided by the dialectics of signifiant and signifié, convincingly analysed by Ferdinnd de Saussure. ... It is likely that in a cultural act, considered from the semiotic perspctive, the two intimately linked though analytically distinguishable aspects can be organized respectively into two isomorphic structures: the one, called usually culture, and the second, dealt normally with under the heading of ,social structure'." ([1973] 1999: 67)

Kultur gilt Bauman als Bewältigung der Spannung zwischen Freiheit und Abhängigkeit, zwischen Handlung und Struktur, als Bewältigung der kulturkonstituierenden Ambivalenz. Sie ist nichts anderes als der Mechanismus der Bewältigung dieser Spannung. Kultur ist ein erster unvollkommener Antwortversuch auf eine allem vorausliegende Ambivalenz. Weil keine Orientierungsform eine vollständige Klassifizierung erlaubt, ist der Ursprung von Kultur das Versagen von Klassifizierungen, der Ursprung der Kultur ist die Ambivalenz jeden Versuches, Ordnung herzustellen.

Mit diesen Analysen legt Bauman früh klar, dass Soziologie für ihn nur im Rahmen einer kulturtheoretischen Perspektive entwickelt werden kann, weil nur so die Bedeutung von Kultur für die Strukturierung einer gesellschaftlichen Ordnung hinreichend erkannt werden kann. Kultur ist nichts der Gesellschaft Äußerliches, sondern Kultur ist ein wesentliches Merkmal, das Gesellschaft und Vergesellschaftung überhaupt erst ermöglicht (vgl. Hörning (1999), weil der Raum der legitimen Orientierungsmöglichkeiten dadurch erst bereit gestellt und Handeln als gesellschaftliches Handeln möglich wird

In dieser Begrifflichkeit wird Kultur nicht als eine feststehende Größe verstanden, vielmehr hervorgehoben, dass Kultur sich in Lebensformen äußert und in der Lösung praktischer Probleme entwickelt wird. Insofern denkt Bauman hier, ohne explizit diese Terminologie zu verwenden, konzeptionell das, was

später Hörning das Konzept der „Kulturellen Formen und Lebensweisen" nennen
wird (1999: 85).
   Anzumerken ist, dass diese kulturtheoretische Perspektive die Theorie der
Strukturation von Anthony Giddens vorweg nimmt. Bevor Giddens (1976) seine
Theorie der Strukturation mit dem Konzept der Dualität der Strukturen in den
Grundzügen entwickelte und zeigen konnte, dass Handeln Strukturen erzeugt
und Strukturen Handeln ermöglichen, entwickelt Bauman die hierzu komple-
mentären Überlegungen im Hinblick auf das Kulturkonzept. Insofern können
seine Ausführungen aus *Culture as Praxis* auch verstanden werden als eine kul-
turtheoretisch orientierte Theorie der Strukturation, die als eine Praxistheorie der
Kultur angelegt ist.
   Unabhängig von diesen Bemerkungen ist noch ein Einwand gegen Baumans
Theorie der kulturellen Praxis zu diskutieren. Das ist der Einwand von Margret
Archer (1988), Bauman wie auch Giddens unterlägen dem zentralen Konflatio-
nismus und deshalb ermögliche ihre Theorie kein umfassendes Verständnis kul-
tureller Dynamik. Zentraler Konflationismus bedeutet, dass die konzeptionellen
Ebenen von Handeln und Struktur so zusammengezogen werden, dass letztlich
ein bias zur Strukturseite des Kulturellen bei Bauman bzw. zur Strukturseite des
Handelns im Falle von Giddens gegeben sei und demgemäß keine gelungene
Verbindung beider Analyseebenen erreicht sei.
   Im Hinblick auf Bauman ist dieser Vorwurf nicht überzeugend. Bauman
trennt deutlich zwischen der Ebene der machtgestützten Entwicklung kultureller
Deutungsmuster, die Ordnung für den Vergesellschaftungsprozess bereitstellen,
und kann zugleich die handlungsbezogene Facette des Gesamtzusammenhangs
hinreichend in seiner Eigenständigkeit betonen. Kulturelles Handeln und kulturelle Strukturierungsvorgänge verweisen wechselseitig aufeinander und müssen
als sich wechselseitig konstituierende Elemente des Sozialen und Kulturellen
begriffen werden, die in ihrem Wechselspiel kulturelle Dynamik erzeugen.

3   Gesellschaftliche Funktion der Soziologie und ihre emanzipatorischen Möglichkeiten

Dem Problem des Dualismus, so wie es in *Culture as Praxis* im Rahmen der
kulturtheoretischen Diskussionen entwickelt wurde, widmet sich Bauman in
einem zweiten Anlauf erneut. Diesmal mit der Fragestellung: Welche Möglichkeiten zur Entwicklung einer kritischen Soziologie bestehen?
   Wie geht er dabei vor? Er rekonstruiert das Problem des Dualismus als alltägliche Erfahrung, die sich in der Entwicklung zweier Traditionen des soziologischen Denkens niederschlägt. Gesellschaft wird anfänglich gefasst als eine

zweite Natur, als eine Art Gesetzmäßigkeit, die im Kontrast zur individuellen Freiheit und der normativ und kulturell geforderten Autonomie steht. „The two elements of experience which combine into the idea of nature are, in fact, in dialectical unity. There would be no discovery of constraints were there no action guided by images which transcend these constraints; ... The two elements condition each other; more than that, they can present themselves to men either together or not at all." (1976: 2)

Auf diese Spannung reagiert die Soziologie, indem sie zwei unterschiedliche Konzeptionen der Soziologie entwickelt, die an den beiden möglichen Polen des Dualismus ansetzen. Einerseits eine Soziologie, die im weitesten Sinne des Wortes der französischen strukturalistischen Tradition entspricht und vor allem die Gesellschaft wie einen Naturgegenstand betrachtet und danach sucht, objektive Regelmäßigkeiten dieser zweiten Natur aufzudecken (1976: 18). Demgegenüber steht eine andere Tradition, die vor allem mit dem Namen Alfred Schütz zu verbinden ist, die aufzuzeigen sucht, wie die individuelle Freiheit in diesem Rahmen konstituiert wird (1976: 28). Beide Pole von Objektivismus und Subjektivismus begleiten die Konstitution der Soziologie von Anfang an. Sie machen in diesem Sinne die Soziologie zu einer Wissenschaft, wenn man auf die französische Tradition zurückgreift, der Unfreiheit und zu einer Wissenschaft des Freiheitsvermögens, der Autonomie, wenn man auf die mit dem Namen Schütz bezeichnete Tradition zurückgreift.

Der Vorteil der Soziologie als Wissenschaft der Unfreiheit, die Gesellschaft als zweite Natur auffasst, ist für Bauman, dass ihr Gesamtprogramm eine Einheit von Ontologie, Methodologie und kognitiver Funktion erlaubt. „The great achievement of a sociology which developed as the science of unfreedom has been the unity of its ontology, methodology, and cognitive function." (1976: 34). Diese Einheit, die angelehnt ist an die Idee der Naturwissenschaften, ist für die Etablierung der Soziologie eine im institutionellen Kontext der damaligen Wissenschaften vermutlich unverzichtbare Entwicklungsphase gewesen. Denn sie gab dem beginnenden Denken über das Soziale anfänglich Sicherheit und Legitimität.

Trotzdem ist darauf hinzuweisen, dass nur in der Komplementarität der Struktur und der subjektorientierten soziologischen Traditionen eine umfassende Betrachtung des Vergesellschaftungszusammenhangs möglich ist. Einerseits demystifiziert Soziologie in der Tradition Durkheims die individuelle Freiheit, indem sie zeigt, in welch engen Grenzen diese sich kulturell und gesellschaftlich abspielt. Auf der anderen Seite demystifiziert eine subjektivistische Soziologie in der Tradition von Schütz die Reifikation der Gesellschaft als eine zweite Natur, weil sie zeigen kann, dass diese auch von Menschen gemacht und insofern nicht nur restringierende Bedingung ist, sondern auch Gestaltung erlaubt. „If, there-

fore, Durksonian sociology tries hard to ,demystify' individual freedom, its
Schutzian critique, apparently, attempts to ,demystify' society." (1976: 63) Beide Deutungen sind in den Augen Baumans zutreffend, weil sie die beiden exi-
stenziellen Erfahrungen des Menschen im Vergesellschaftungsprozess aufgrei-
fen.

Unabhängig von diesen beiden theoretischen Perspektiven, deren Komplementarität Bauman beständig betont, geht es in praxistheoretischer Perspektive
auch darum zu fragen, wie die Erkenntnisse soziologischer Arbeit im Verhältnis
zum Alltagswissen, zum common sense der Bürger einer Gesellschaft stehen.
Hier spricht Bauman der Soziologie eine emanzipatorische Funktion zu, deren
Potential sich in der Kritik und Überschreitung des common sense erweist. Dieser geht von der Idee der Gesellschaft als einer zweiten Natur aus und übersieht
im Regelfalle die Möglichkeitsspielräume, die dem individuellen Handeln im
Rahmen dieser Restriktionen zur Verfügung gestellt sind. Eine Soziologie, die
auf diesen Spielraum nicht verweist, verfehlt ihren kritischen Auftrag, weil sie
sich dann zu nahe am Alltagsdenken bewegt. „Officially, sociology is the critique of commonsense. In reality, this critique never goes as far as fundamentals
and never brings to light the shared assumptions which render both commonsense and sociology meaningful." (1976: 43)

Eine kritische Soziologie in emanzipatorischer Absicht kommt an drei Stel-
len in den Konflikt mit dem Alltagsdenken. Erstens setzt sie das Programm der
Denaturalisierung der Gesellschaft fort. Diese widerspricht dem Alltagsdenken,
denn der common sense zeichnet sich vor allem durch ein Merkmal aus: Die
Mystifizierung des Sozialen. Getragen wird diese naturalisierende Tendenz des
Alltagsdenkens von der grundlegenden Erfahrung des vergesellschafteten Men-
schen, ein Objekt gesellschaftlicher Strukturen und Zusammenhänge zu sein.
Diese Annahme wird von Durkheim deshalb auch zur Grundlage seiner Soziolo-
gie gemacht. Allerdings wird damit unterschlagen, dass die Strukturen, die das
Individuum zum Objekt der Strukturen machen, von den Individuen selbst erzeugt werden. Übergeht man diesen Zusammenhang konzeptionell, bleiben die
Individuen als Opfer gesellschaftlicher Verhältnisse zurück. Dann unterbleibt die
Perspektive auf den Möglichkeitsraum des gesellschaftlichen Handelns. Auf
diesen Aspekt weist Bauman entschieden hin, um deutlich zu machen, dass eine
emanzipatorische Soziologie gerade an dieser Stelle Distanz zum common sense
aufbauen muss, um eine befreiende Wirkung überhaupt erzeugen zu können.

Soziologie in kritischer Absicht zieht zum Zweiten die Möglichkeit alternativer Realitäten in Betracht. Sie zeigt Optionen des Handelns auf. Um das tun zu
können, muss die Soziologie in der Lage sein, alternative Gesellschaftsbilder
entwickeln zu können. Erst im Aufschein der Möglichkeit, es könnte auch anders
sein, kristallisiert sich die Chance für das Handeln, kristallisiert sich Handlungs-

fähigkeit im Entwurf von Handlungen. Aufzuzeigen ist – und dies demonstriert Bauman mit Bezug auf die Arbeiten von Edgar Morin – dass die Wirklichkeit so wie sie ist nur eine von vielen möglichen Realitäten der Wirklichkeit ist. Sie kann jederzeit durch eine andere mögliche Realität der Wirklichkeit ersetzt werden, weil sie nicht notwendigerweise, sondern immer nur kontingenterweise, realisiert wurde.

Sie vermeidet drittens schließlich, Versuche zur Legitimierung des nur Existierenden. In der Alltagsrealität wird das Gegebene meistens als unhinterfragte Voraussetzung anerkannt: „it is set upon ‚de-naturalizing' that which commonsense declares to be human – or social – nature; it exposes and condemns the commonsensical dismissal of alternative realities; and it attempts to restore the legitimacy of those existential issues which commonsense, following human historical predicament, pulverizes into a multitude of such mini-problems as can be articulated in purely instrumental terms." (1976: 79)

Aus diesen drei Widersprüchen gegen das Alltagsleben, die strukturelle Widersprüche der Soziologie im Verhältnis zum alltäglichen Denken sind, ergibt sich auch das Programm einer kritischen Soziologie in emanzipatorischer Absicht. Sie muss das Unerwartete, das Ungewöhnliche in den Mittelpunkt stellen und nicht sosehr die scheinbar naturhaften Regelmäßigkeiten des sozialen Lebens betonen. Sie sollte das Soziale vielmehr als einen Fluss von Ereignissen betrachten, der jederzeit in eine andere Richtung fließen kann. Diese Form einer Soziologie der sozialen und kulturellen Ereignisse, bietet Möglichkeiten, die zur Entwicklung einer kritischen Soziologie genutzt werden können. Konkrete Ansatzpunkte hierzu bieten vor allem Krisen. Situationen, die eingespielte Vorstellungen und Handlungsweisen in Frage stellen: „one can view the crisis as the unique occasion of seeing through the veil of the routine, directly into the ‚genuine', or at least the genuinely important, reality – that which is submerged, unconscious or infrastructural." (1976: 94)

Es sind markante Unterschiede, die nach Bauman ([1990] 2000: 23-28) das alltägliche Denken von der Praxis soziologischen Denken trennen. Zuerst muss soziologisches Denken sich rigoros an einen Satz methodischer Regeln und Argumentationsregeln halten, um als wissenschaftliches Denken sich qualifizieren zu können. Sodann ist Zweitens der Umfang der betrachteten Gegenstände wesentlich ausgedehnter. Das Alltagsdenken beschränkt sich auf nahe liegende Phänomene in den engen Grenzen einer Lebenswelt. Hingegen sucht das wissenschaftliche Denken einen umfassenden Zugriff auf die Totalität des gesellschaftlichen Lebens und geht entsprechend vor. Der dritte Unterschied besteht darin, dass das Alltagsdenken in Form personalisierter Verantwortungszuschreibung Ursachenerklärungen in sozialen Zusammenhängen herbeiführt. Demgegenüber geht die Soziologie davon aus und kann überzeugend zeigen, dass es Figurationen sind, Konstellationen von Akteuren, denen letztlich Verantwortung „zuzuschreiben ist". Und die vierte Differenz schließlich besteht darin, dass Soziologie als Wissenschaft sich reflexiv zu sich selbst verhält, das heißt, regelmäßig eine kritische Selbstprüfungen von Anliegen, Vorhaben und Vorstellungen unternimmt, während dies für das alltägliche Denken nicht möglich ist oder nur in Ausnahmefällen realisiert werden kann.

Die Überlegungen zu einer kritischen Soziologie gemahnen an die Analysen von Adorno und Horkheimer zur *Dialektik der Aufklärung* ([1944] (1969)) sowie zur *Kritik der instrumentellen Vernunft* (Horkheimer [1947] 1991) der frühen kritischen Theorie. Auch hier ging es darum, emanzipatorisches Potential zur Verfügung zu stellen, um den Menschen aus der fälschlichen Anerkennung der Naturgesetzlichkeiten des Lebens zu befreien. Anders als in dieser Tradition, unterstellt Bauman nicht, dass die Realisierung dieser Idee nur scheitern kann, er teilt die kulturpessimistischen Schlussfolgerungen von Adorno und Horkheimer nicht. Vielmehr geht er davon aus, dass man, etwa im Rückgriff auf Habermas, annehmen darf, dass sich das Rationalitätspotential des Menschen zuletzt im Hinblick auf die Emanzipation von gesellschaftlichen Verhältnissen und ihrer Gestaltung nach menschlichen Bedürfnissen entwickelt. Auch hier kehrt nochmals der naturalistische Humanismus, so wie er bereits von Marx entwickelt wurde, wieder. Er wird zum Fundament einer Soziologie, die den Menschen daran erinnert, was der Mensch sein könnte.

Der Widerspruch zwischen Alltagsdenken und kritischer Soziologie lässt sich, so Bauman, im Zuge einer Konvergenz beider aufheben, wenn es gelingt, die Visionen einer kritischen Soziologie so umzusetzen, dass konkrete Gesellschaftsbilder daraus resultieren. Zu erinnern ist hier vor allem an einen frühen Vorläufer soziologischen Denkens: Utopien (Jacobsen 2004). Sie werden erstmals thematisch in *Socialism. The Active Utopia* (1976a). Dieses Buch befasst sich mit einer zweiten Seite der Entwicklung einer kritischen Soziologie. Kritische Soziologie bedeutet nicht nur die Fähigkeit zur Kritik bestehender Verhältnisse, sondern immer auch das Aufzeigen von Möglichkeiten der andersartigen Gestaltung sozialer Verhältnisse. Soziologie in diesem Sinne weist darauf hin, dass es andere Möglichkeit zur Gestaltung der Realität gibt, dass alternative soziale Realitäten vorgesellt werden können. „This ,activating presence' of utopia in human action is also the only way in which the content of the utopia may be put to a practical test and examined for its degree of ,realism." (1976: 17)

Ein geeignetes Mittel, um diesen Gedanken durchzuführen, besteht darin, sich klassische Modelle utopischen Denkens auszuwählen und an diesen zu zeigen, welche alternativen sozialen Realitäten dort skizziert wurden. Die Geschichte utopischen Denkens reicht zurück bis Thomas Campanella *Der Sonnenstaat* von 1623 oder gar bis zu Platons *Politeia*. Bauman beginnt damit, den abstrakten gemeinsamen Kern utopischen Denkens herauszuarbeiten und definiert utopisches Denken als eine Form soziologischen Denkens, welches alternative soziale Realitäten ausarbeitet: Utopien gelten als unerfüllte und Anstrengung verlangende Vorstellungsbilder, die als wünschenswert angesehen werden, als eine Welt, die nicht so sehr bereits gegeben als vielmehr künftig geschaffen werden soll, sie verhalten sich kritisch zur existierenden Gesellschaft und sie implizieren einen Maßstab zur Bewertung, einen Maßstab für die Ausarbeitung eines Bildes der Zukunft (1976: 17; vgl. Jacobsen 2006)

Utopisches Denken zeigt auf, dass gesellschaftliche Verhältnisse nicht als naturhaft, zwangsläufig gegeben anerkannt werden müssen. Sie können mit anderen möglichen gesellschaftlichen Realitäten kontrastiert werden. Aus diesen Gegenüberstellungen können sodann Möglichkeiten für das Handeln abgeleitet werden, die beitragen können, eine alternative soziale Realität zu erzeugen. Insofern sind Utopien ein Ausgangspunkt zur Entwicklung einer kritischen Soziologie in emanzipatorischer Absicht. Emanzipatorisch im Hinblick auf die gesellschaftliche Realität und kritisch im Hinblick auf den die Naturhaftigkeit gesellschaftlicher Abläufe akzeptierenden common sense.

In der Spannung von common sense und Möglichkeitssinn deutet sich bereits an, dass hier auch unterschiedliche methodologische Konzepte zum Einsatz kommen. Naturgesetzliche Orientierung im Alltagsdenken, sinnexplikatives Denken im Hinblick auf Möglichkeitshorizonte. Oder, wie Bauman den Gegensatz benennt: Wahrheit und Konsens als methodologische Strategien. In diesem Zusammenhang ist vor allem auf die deutsche und auf die französische Tradition des Denkens zu verweisen. Beide stehen bei Bauman idealtypisch für den Gegensatz von Konsens und Wahrheit.

Das Konzept der Wahrheit ist vor allem in der französischen Tradition soziologischen Denkens, beispielhaft sei Emile Durkheim genannt, der Schlüssel zur Epistemologie dieser Tradition. Es zielt vor allem darauf, die Regelmäßigkeiten der Gesellschaft als naturhafte oder naturähnliche Regelmäßigkeiten aufzuzeigen, die deshalb auch mit naturwissenschaftlichen Verfahren zu erforschen sind. Im Gegensatz hierzu steht die Tradition der Hermeneutik, wie sie vor allem in Deutschland entwickelt wurde (1978: 15). Hier ist es das Konzept des Konsenses, welches die Epistemologie bestimmt: Konsens über Deutungen und Interpretation, der die Intersubjektivität der hermeneutischen Reflexion herstellen hilft. Die hermeneutische Interpretation ist ein nicht abschließbarer Prozess, deshalb kann das Kriterium der Wahrheit der Interpretation nicht ins Spiel kommen. Zudem ist Gadamers ([1960] 1986) Verweis auf die Hermeneutik als eine „Kunstlehre" ernst zu nehmen, um den eigenständigen Charakter dieser Traditionslinie der Epistemologie zu erkennen.

Während die eine Tradition des Denkens das Wahrheitsproblem aktualisiert und auf die Wahrheitsfähigkeit soziologischer Aussagen im naturwissenschaftlichen Sinne pocht, behauptet die andere Tradition, dass es hermeneutische Verfahren sind, mit denen Konsens, aber keine Wahrheit, über eine Interpretation der gesellschaftlichen Realität hergestellt werden kann.

In einem Durchgang durch die verschiedensten wissenssoziologischen Arbeiten, angefangen bei Karl Marx über Max Weber, Karl Mannheim, Edmund Husserl, Talcott Parsons, Martin Heidegger und Alfred Schütz bis hin zur Ethnomethodologie entfaltet Bauman ein reichhaltiges Spektrum hermeneutischen Denkens innerhalb der Sozialwissenschaften. Er will damit zeigen, dass eine kritisch agierende Soziologie unter Rückgriff auf hermeneutische Denktraditionen einen Beitrag zur Entwicklung einer kritischen Soziologie leisten kann. Allerdings, und dies ist sein abschließendes Fazit, nur dann, wenn es gelingt, das Problem von Wahrheit und Konsens einer Lösung zuzuführen, die die Differenz von Konsens und Wahrheit als Maßstäbe zur Beurteilung des Denkens schrittweise reduziert und zugleich zeigt, dass das Problem des Verstehens nur graduell vom Alltagsverstehen verschieden ist. „The practical success of sociology so understood can only be measured by the degree to which the opposition between consensus and truth is gradually reduced, and the problem of understanding as an activity distinct from communal life gradually disappears." (1978: 246)

Die Aufgabenstellung der Soziologie verändert sich noch einmal gravierend, wenn man den Übergang, die gesellschaftliche Transformation von der Moderne zur Postmoderne berücksichtigt. Dieser konkretisierenden Bestimmung wendet sich Bauman in *Legislators and Interpreters. On Modernity, Postmodernity and Intellectuals* (1987) zu. Er versucht zu zeigen, dass die moderne Welt als eine geordnete Welt gebunden ist an eine Wissenschaft, die in der Lage ist, Vorraussagen zu treffen, Pläne zu entwerfen und Möglichkeiten einer Beeinflussung der Gesellschaftsentwicklung aufzuzeigen.

Der vieldeutige Begriff der Postmoderne muss in diesem Kontext, um soziologisch fruchtbar zu werden, gesellschaftstheoretisch, zeitdiagnostisch und erkenntnistheoretisch präzisiert werden. Gesellschaftstheoretisch gelingt dies Bauman, indem er die Frage nach der Ordnung der Kultur stellt und dabei auf die Bedeutung von Macht für diesen Prozess verweist (vgl. 1973; 1992). Zeitdiagnostisch, weil er am Übergang von der Moderne zur Postmoderne in historischer Perspektive zeigt, dass das Ordnungsproblem und die zunehmenden Schwierigkeiten seiner Lösung die sozialen Verhältnisse der Gegenwart bestimmen (1989; 1991). Schließlich methodologisch, denn aus beiden Strängen seiner Argumentation leitet sich die Konsequenz ab, dass der veränderten Situation auch nur eine in ihrem Selbstverständnis veränderte Soziologie gerecht werden kann (1976; 1978; 1987; Kellner 1998).

Er überschreitet mit diesen Überlegungen Grenzen, die noch den postmodernen und poststrukturalistischen Überlegungen Baudrillards, Lyotards und Derridas eigen sind. Anders als Baudrillard bleiben seine methodischen Prämissen einer Soziologie der Postmoderne verpflichtet. Er gleicht sein Denken nicht mimetisch der Postmoderne an und geht nicht zu einer postmodernen Soziologie über, die vom soziologischen Diskurs zumeist als irrelevant betrachtet wird. Im Gegensatz zu Lyotard sieht und sucht er beständig Brücken des Verstehens zwischen unterschiedlichen Diskursen, ohne bereits im Versuch der Übersetzung zwischen Diskursen einen unverzeihlichen tort zu sehen. Schließlich nehmen seine Arbeiten Derridas Idee der zentrumslosen Struktur auf und machen sie gesellschaftstheoretisch vor allem in der Analyse der Postmoderne und der Flüchtigen Moderne fruchtbar.

Bauman folgt dabei vor allem zwei Intentionen: Dem Wunsch zur Entwicklung einer Soziologie als emanzipatorische Wissenschaft, und der Idee, dass eine der Postmoderne adäquate Soziologie nicht mehr den herkömmlichen Ansätzen modernen soziologischen Denkens folgen kann.

Zurückgreifend auf die Arbeiten von Marx, Durkheim ebenso wie von Weber und Simmel skizziert Bauman das Programm einer Soziologie als eine emanzipatorische Wissenschaft. Dabei wird davon ausgegangen, dass die Hauptproblemstellung der Soziologie in einer Verbesserung der gesellschaftlichen Verhältnisse liegt. Die Entfaltung dieser Problematik hat ihre eigene dialektische Entwicklungslogik. Sie zeigt, dass eine der Idee der Moderne verpflichtete Soziologie nicht gelingen kann und nur der Übergang zu einer Soziologie der Postmoderne und später einer Soziologie der Flüchtigen Moderne übrig bleibt.

Dabei geht Bauman davon aus, dass die Soziologie aufgrund ihrer Entstehungsgeschichte eine der Moderne verpflichtete Wissenschaft ist. Dies zeigt er unter Verweis auf die Konstitution der Soziologie als einer Ordnungswissenschaft am Beispiel von Auguste Comte. Aber ebenso unter Rekurs auf die wissenschaftsgeschichtliche Entfaltung der Soziologie im Rahmen einer als Sozialtechnologie intendierten Sozialwissenschaft in der Institutionalisierungsphase der Soziologie. Dies lässt sich auch an der Entwicklung der Soziologie in Deutschland als Element einer Polizeiwissenschaft und Bestandteil kameralistischer Herrschaftsausübung zeigen (Kern 1982: 19-66). Ebenso an der Entwicklung in den USA als zwar sozial engagierte Forschung, so die Chicago School, jedoch im Rahmen sozialplanerischer Aktivitäten (Madge 1962). In den Augen Baumans ist dieser moderne Anspruch der Soziologie gescheitert, weil sich Gestaltung, Planung und Kontrolle gesellschaftlicher Prozesse als nicht realisierbar erwiesen und nun durch die Bereitstellung von Interpretations-, Reflexions- und Emanzipationsangeboten ersetzt wird.

„The typically modern view of the world is one of essentially orderly totality; the presence of a pattern of uneven distribution of probabilities allows a sort of explanation of the events which – if correct – is simultaneously a tool of prediction and (if required resources are available) of control." (1987: 3) Die Idee einer solchen Wissenschaft ist dadurch geprägt, dass die Vorstellung vorherrscht, dass der Ordnungsentwurf der gesellschaftlichen Praxis vorausgeht. Ohne den Ordnungsentwurf kann eine gesellschaftliche Praxis nicht gedacht und auch nicht realisiert werden. Dem liegt ein Bild von Wissenschaft, vor allem auch der Soziologie, als eine administrative Hilfswissenschaft zugrunde. Diese Form des Wissens ist gebunden an die Strukturen der Moderne und geht davon aus, dass die Moderne als solche irreversibel ist und dass alles, was gedacht werden kann, nur der Moderne entsprechen kann. Eine solche Wissenschaftskonzeption denkt immanent in der Moderne, sie überschreitet sie nicht.

Damit erreicht sie jedoch nicht die Möglichkeiten einer kritischen Soziologie in Baumans Sinne, denn eine kritische Soziologie bezieht sich vor allem auf das Aufzeigen von alternativen sozialen Realitäten. Man muss fragen können: Gibt es etwas anderes als die Moderne? Ein anderes Wissen als das moderne Wissen? Gibt es etwas anderes als die Priorität des Entwurfs vor der Praxis?

Um zu solchen Fragen zu gelangen, muss man die Frage nach dem Zusammenhang von Ordnung und Praxis umkehren. Diese Umkehrung erfolgt, wenn man Ordnung als Resultat gesellschaftlicher Praxis versteht. „The typically postmodern view of the world is, in principle, one of an unlimited number of models of order, each one generatd by a relatively autonomous set of practices. Order does not precede practices and hence cannot serve as an outside measure of their validity." (1987: 4) Damit ist man bereits bei der Kennzeichnung der postmodernen gesellschaftlichen Realität. Diese greift vor allem zurück auf die Veränderung des Wissens, der Wissensansprüche und die Selbstinterpretation gesellschaftlicher Akteure. In der Postmoderne folgt die Ordnung einer gesellschaftlichen Praxis nach. Ordnung ist in dieser Perspektive nicht mehr das Ergebnis der Realisierung eines vorentwickelten Planes, das Resultat einer administrativen Handlungsanweisung. Vielmehr ist Ordnung nun das Ergebnis des individuellen gesellschaftlichen Handelns, welches immer auch anders möglich wäre.

Auf dieser Grundunterscheidung zwischen Moderne und Postmoderne aufbauend entwickelt Bauman eine Typologie unterschiedlicher Wissenschaftsverständnisse. Für das moderne Wissenschaftsverständnis ist die Idee des Gesetzgebers maßgeblich. Die naturhaften Gesetzmäßigkeiten der sozialen Realität werden erforscht und es werden dem angemessene Ordnungen vorgeschlagen, die durch die politisch Herrschenden angestrebt werden können. In der Postmoderne hingegen kann sich die Soziologie der Aufgabe einer kritischen Soziologie in Gänze widmen, indem sie die Rolle des Interpreten annimmt. Die Soziologie bietet dann Deutungen der gesellschaftlichen Realität an und zeigt alternative soziale Realitäten auf, die durch die Praxis des gesellschaftlichen Handelns realisiert werden können. Entscheidend ist dabei, dass die vorgeschlagenen Ordnungsentwürfe selber durch die gesellschaftliche Praxis hindurch in andere Ordnungen transformiert werden. Kurz: Ordnungsvorschläge und Ordnungsrealisierung sind nicht mehr identisch.

Um diesen Prozess anleiten zu können, muss man sich jedoch vom Selbstverständnis der Moderne als eines irreversiblen Prozesses lösen (1987: 115). Dieser Prozess beginnt in den Augen Baumans mit dem Übergang zur Postmoderne, die er unter Rückgriff auf Lyotard ([1979] 1986) als Bestandteil der Moderne versteht, als eine Moderne, die zu sich selbst gekommen ist. Postmoderne ist eine Reflexion der Moderne in der Moderne (Lyotard [1987] 1988). Mit dieser Konzeption wird es unmöglich gemacht, Postmoderne als eine Phase nach der Moderne zu verstehen. Vielmehr ist Postmoderne von der Moderne nicht zu trennen, die Reflexion auf sich selbst als Moderne ist bereits die Realität der Postmoderne – in der Moderne, ihr zugehörig.

Mit Verweis auf die klassische Soziologie, für die beispielhaft Max Weber heran gezogen wird, zeigt Bauman, was Denken immanent in der Moderne bedeutet. Max Webers Überlegungen zum Calvinismus, zur protestantischen Ethik, wie auch seine Diskussion über Rationalisierung und Rationalität erweisen Max Weber als einen modernen Denker, der sowohl die Moderne als irreversibel ansah, wie auch immanent innerhalb der Moderne argumentierte. Entscheidend ist, dass Max Webers These von Bauman nicht als eine historische Interpretation, als eine idealtypische Rekonstruktion historischen Materials verstanden wird. Vielmehr wird die Überlegung entfaltet, dass Max Weber mit der Deutung der Protestantischen Ethik eine Erzählung der Moderne entwickelt, eine Art Mythos, „myth" (1987: 150), der in keinem Falle den historischen Ereignissen entspricht. Sie ist als Mythos jenseits der historischen Zeit angesiedelt und insofern überschreitet sie die Moderne gerade nicht, weil sie die Moderne als das Ende aller Zeiten in Anspruch nehmen muss.

Dies ändert sich, wenn innerhalb der Moderne die Endlichkeit der Moderne im Sinne ihrer Reflexionsfähigkeit erkannt und deutlich wird, dass es neben der modernen Erzählung auch andere Erzählungen von möglichen alternativen sozialen Realitäten gibt, die die gesellschaftliche Praxis der Ordnungserzeugung anleiten können. Dabei verändert sich die Rolle der Soziologie fundamental. Sie gibt ihre Position als Gesetzgeber auf und wird zur Interpretin der sozialen Realität und der gesellschaftlichen Praxis. Sie entdecken dabei, und dies ist eine inhaltliche Konsequenz aus den bisherigen epistemologischen Reflexionen, dass die postmoderne soziale Realität durch eine Verflüchtigung gesellschaftlicher Ordnungsformen ausgezeichnet ist. Im Anschluss an Baudrillard (1983) und über ihn hinausgehend zeigt Bauman, dass die postmoderne Ordnung ein Zusammenhang einer nicht endenden Kette von Innovationen ist.

Mit diesen Analysen wendet sich Bauman insgesamt von der naturgesetzlich an den Regelmäßigkeiten der Vergesellschaftung orientierten Soziologie ab und betont die Notwendigkeit einer ereignisbezogenen Soziologie, die den Möglichkeitsraum des Handelns öffnet. Zugleich aktiviert er mit dem Gedanken der Postmoderne eine Kritik am Rationalitätsverständnis und den Rationalitätszumutungen, die sich aus dem Rationalisierungsprozessen so wie ihn Weber in der Protestantischen Ethik skizzierte, ergeben. Es geht nicht mehr um Trennung, sondern es geht nun um die Amalgierung, Verbindung und Durchmischung bislang differenter Denk- und Seinsbereiche.

Er stützt sich dabei auf Richard Rortys (1989) Konzeption der Ironie, um deutlich zu machen, dass erst die Soziologie in der Rolle des Interpreten eine angemessene wissenschaftliche Form darstellt, um den naturalistischen Humanismus realisieren zu können. Erst wenn der milde Skeptizismus der erkenntnistheoretischen Positionen von Rorty anerkannt wird, und das heißt soziologische Denkmöglichkeiten immer nur als Möglichkeiten zu betrachten sind, als Optionen, erst dann kann das ethische Moment des naturalistischen Humanismus realisiert werden.

Soziologie die sich so verhält ist kritische Soziologie, weil sie über die bestehenden gesellschaftlichen Verhältnisse hinausweist und alternative soziale Realitäten andeuten kann. Erst in diesem Moment befreit sich die Soziologie aus ihren eigenen Fesseln, die durch die methodologische Bindung an die Naturwissenschaften entstanden sind und kann zu einer emanzipatorischen Wissenschaft weiter entwickelt werden.

Tabelle 2: Die (Sozial-)Wissenschaft in Moderne und Postmoderne

	Moderne	*Postmoderne*
Gesellschaftsform	Arbeitsgesellschaft	Konsumgesellschaft
Selbstverständnis der Sozialwissenschaft	Gesetzgeber	Interpretationsanbieter
Aufgabe der Sozialwissenschaft	Gestaltung	Reflexion
Bewertungskriterium von Aussagen	Wahrheit	Konsens
Verhältnis von Ordnung und. Praxis	Ordnung und Entwurf haben Vorrang	Ordnung folgt der ges. Praxis
Gesellschaftsbild	Realisiert den Entwurf	Folgt dem Prozess

Es ist wichtig, dieses Buch im Kontext der allgemeinen Diskussion um die gesellschaftliche Funktion und Möglichkeiten der Soziologie zu verorten. Denn damit wird die Voraussetzung gelegt, um den nächsten Entwicklungsschritt Baumans, seine inhaltlichen Analysen zum Übergang von Moderne zur Postmoderne zu rekonstruieren. Erst wenn diese Selbstreflexion der Soziologie abgeschlossen ist, können wieder materiale Analysen erarbeitet werden, die zeigen, wie sehr sich Moderne und Postmoderne bezogen auf den Vergesellschaftungsprozess voneinander unterscheiden.

Zusammengefasst: Das ursprüngliche Anliegen der Soziologie wurde im Gedanken gesellschaftlicher Planung, Gestaltung und Kontrolle konkretisiert. Aber Bauman ist bereits aufgrund seiner Zeit im marxistischen Polen skeptisch gegenüber den Möglichkeiten der planenden Vernunft und kennt die immanenten Grenzen von Planungsprozessen und die Schwierigkeiten ihrer Implementation (1966a). Aber die Soziologie hat historisch betrachtet das Konzept der planenden Vernunft für die Gesellschaft fruchtbar gemacht, um Freiheit im gesellschaftlichen Zusammenhang zu ermöglichen. Sie hat dabei, so Baumans Interpretation, übersehen, dass Planung letztlich freiheitseinschränkend ist. Dies kommt in seinem Vorwurf an die klassische Soziologie, sie sei auch eine Wissenschaft der Unfreiheit gewesen, deutlich zum Ausdruck (1988).

Mit dem Übergang von der Moderne zur Postmoderne, den Bauman in Anlehnung an Jean-Francois Lyotard ([1979] 1986) mit dem Einsetzen des erkenntnistheoretischen Zweifels an den großen Metaerzählungen gegeben sieht, ist die Emanzipation der Soziologie von ihrer Rolle als Gesetzgeber möglich und die Realisierbarkeit einer emanzipatorischen Sozialwissenschaft denkbar geworden. Die Auflösung des Geltungsanspruchs der vereinheitlichenden Metaerzählung ist bedeutsam, weil sie das Ende einer über Deutungsmacht erzeugten eindeutigen kulturellen Ordnung der Orientierung einläutet und dem Vieldeutigen Raum gewährt. Die Zurücknahme monopolartiger Deutungsansprüche zugunsten der Entwicklung einer Vielfalt von Deutungsalternativen ist für Bauman der Schritt der Befreiung der Soziologie aus dem selbst gewählten Diktat als Planungswissenschaft.

Das Modell der Soziologie als Gesetzgeber der sozialen Realität verweist im Moment seines Scheiterns bereits auf ein anderes Modell: Soziologie als hermeneutische Wissenschaft. In beiden Modellen finden sich emanzipatorische Potentiale, allerdings nach Bauman nur im zweiten auf eine Weise, die individueller Befreiung dienlich ist. Der Zusammenhang zwischen beiden Modellen lässt sich als Übergang von der Aufgabe der Gestaltung" zur Aufgabe der „Emanzipation durch Reflexion" beschreiben. In der ersten tritt das einzelne Individuum nur mittelbar, als scheinbar Begünstigter von Planungsprozessen auf, während es in der zweiten Variante selber in den Prozess eingreift. Erst dann wird das Individuum frei, weil es nun eine Wahl zwischen hermeneutisch generierten Interpretationsangeboten treffen kann.

4. Die Moderne und der Holocaust

Seit Max Weber gilt Rationalisierung als der gesellschaftliche Entwicklungsprozess, der die Struktur der Moderne prägt. Die Auftrennung von Wertsphären, die sich in funktionaler Differenzierung niederschlägt, bestimmt seitdem als Analyseinstrument die soziologische Rekonstruktion moderner Gesellschaftlichkeit (Schwinn 2001; Renn 2006). Jeder dieser Wertsphären folgt, so die Grundannahme, einer eigenen Logik der Steigerung, ohne zu berücksichtigen, dass andere Wertsphären einer anderen Logik folgen (Berger 2003). Die Ausdifferenzierung von Wertsphären und Rationalitätsformen führt zur Effizienzsteigerung der sozialen Organisation, aber auch dazu, dass die einzelnen Rationalisierungsprozesse und Rationalisierungskriterien nicht aufeinander bezogen werden.

Vor allem eine Frage bleibt bei allen erkennbaren Rationalisierungszuwächsen offen: Wie verträgt sich die zunehmende Rationalisierung gesellschaftlicher Verhältnisse mit einer im 20. Jahrhundert immer wieder ausbrechenden Gewaltwelle, die in den Versuch der Massenvernichtung ganzer Völker einmündete? Diese gedankliche Herausforderung wird vor allem durch den Holocaust aufgeworfen. Wie war die damit bezeichnete Grausamkeit und Gewalt möglich?

In der Geschichtswissenschaft wird der Holocaust als ein besonders grausames geschichtliches Ereignis angesehen, dessen Erklärung zumeist über die Besonderheiten des deutschen Sonderwegs erfolgt (Meier 1988; Joas 1996;

1998). Bauman hingegen geht diese Frage aus einer für Historiker ungewohnten Perspektive nach. Denn entfaltet wird eine modernitätskritische Lesart des Holocaust. Anders als die These von Sonderweg und auch anders als die These von der Vergleichbarkeit des Nationalsozialismus mit dem Bolschewismus geht er davon aus, dass sich im versuchten Genozid des „Dritten Reiches" die innere Struktur der Moderne entbirgt.

„Der Holocaust wurde inmitten der modernen, rationalen Gesellschaft konzipiert und durchgeführt, in einer hoch entwickelten Zivilisation und dem Umfeld außergewöhnlicher kultureller Leistungen; er muss daher als Problem dieser Gesellschaft, Zivilisation und Kultur betrachtet werden." ([1989] 1992: 10) Diese These knüpft direkt an die Rationalisierungsthese Max Webers an und versucht zu zeigen, dass der Holocaust eine in der Struktur der Moderne angelegte Möglichkeit war. Sie wurde realisiert durch den Einsatz typisch moderner Mittel der Organisation – Bürokratisierung und Effizienzsteigerung des Verwaltungshandelns – der Trennung von Wertsphären wie auch der alltäglichen Abtrennung moralischer Bewertungen von den Handlungen.

Im Holocaust kommt das entscheidende Strukturmerkmals der Moderne zum Ausdruck, dass die Moderne Ordnung vor die gesellschaftliche Praxis stellt. Von diesem bereits in *Legislators and Interpreters* ausgearbeitetem Angelpunkt der gesellschaftlichen Entwicklung in der Moderne ergibt sich, dass ein Ordnungsentwurf in Reinform, ohne Abstriche realisiert werden muss. Die Rationalisierung des Mitteleinsatzes diente dem Ziel, eine bestimmte gesellschaftliche Ordnungsvorstellung ohne Einschränkung zu realisieren

Das Ordnungsmodell der Moderne verlangt nach seiner Verwirklichung entlang moderner Rationalisierungsmittel: „Der Technologie, den rationalen Entscheidungskriterien und der Tendenz, Denken und Handeln rational zu begründen und berechenbar zu machen." (Bauman [1989] 1992: 27)

Es sind aber nicht die Mittel allein, die den Holocaust möglich machten (Pellicani 1998). Vielmehr muss noch das Ziel – der Aufbau einer vollkommenen Ordnung – hinzukommen. Erst dann wird die Kombination aus Mittel und Zweck, aus Rationalisierung und Ordnungswunsch realisiert, die den Holocaust möglich machte. Die aus den bürokratischen Möglichkeiten zur Erzwingung einer Ordnung erwachsenden Tendenzen konnten in den Holocaust münden, weil der Ordnungsentwurf des Nationalsozialismus die Einbeziehung der jüdischen Bevölkerungsteile nicht vorsah. Damit sind beide Bedingungen erfüllt, die den Holocaust möglich machten: Rationalisierung und Odnungsentwurf.

Juden galten als Fremdkörper der gesellschaftlichen Ordnung, sie passten nicht in diesen gesellschaftlichen Ordnungsentwurf, sie waren weder Freunde noch Feinde, sondern Fremde. Folglich war es aus der Perspektive dieses modernen Ordnungsentwurfes unter den genannten Randbedingungen zwingend, die jüdische Bevölkerung dem Genozid zu unterwerfen, um dem nationalsozialistischen Ordnungsentwurfs gerecht zu werden. Man griff dabei auf Möglichkeiten zurück, die mit der gesellschaftlichen Rationalisierung gegeben waren. Dabei kommen typisch moderne Mittel zum Einsatz oder wie Bauman formuliert: „Der Holocaust entsprang genuinen rationalistischen Überlegungen und wurde von einer Bürokratie in Reinkultur produziert." ([1989] 1992: 31; zur Organisation von Konzentrationslagern vor allem Sofsky 1993) Er war als individuelle Handlungsweise möglich, weil die moralischen Hemmungen durch die Rationalisierung des gesellschaftlichen Lebens zum Teil außer Kraft gesetzt wurden: „Die Gewalt muss durch Befehl von oben autorisiert sein, die Handlungen müssen Routinesachen sein ... und die Opfer müssen einem Prozess der Dehumanisierung unterliegen." ([1989] 1992: 35) Diese Hinweise werden von Bauman unter Verweis auf Milgrams (1963) bekannte Experimente untermauert. Das Organisationsprinzip bürokratischen Handelns in der Durchführung des Holocaust führte zu einer Entmoralisierung der Handlungsbewertung. Daraus ergibt sich der Entzug der Verantwortung für das Handeln und in der Folge eine Dehumanisierung und Demoralisierung der Standards, die sonst an das Handeln angelegt werden. Gezeigt wird mit diesen Ergebnissen, dass innerhalb der Bevölkerung, autorisiert durch die Staatsgewalt eine Tendenz der Entmoralisierung des Handelns und eine Freisetzung von Gewalt gegeben war.

Gewalt ist für die Gestaltung gesellschaftlicher Verhältnisse eine entscheidende Größe. Wir wissen seit den zivilisationstheoretischen Studien von Norbert Elias ([1936] 1976), dass die Errichtung des Gewaltmonopols eine der Voraussetzungen für die Entstehung moderner Staatlichkeit war. Deutlich wird im Zuge dieser Analyse auch, dass die Entstehung des Gewaltmonopols mit der Durchsetzung der Affektkontrolle auf die psychische Struktur der Menschen eingewirkt hat. Affektkontrolle verringert Umfang und Ausmaß gewalttätiger Handlungen zwischen Individuen.

Bauman interpretiert diesen Zusammenhang anders. Er setzt im Gegensatz zu Elias den historischen Einsatz von Gewalt mit einer Entmoralisierung des Handelns gleich. Diese Einschätzung kumuliert in der Feststellung „dass der Zivilisationsprozess unter anderem den Einsatz von Gewalt aus dem Bereich moralischen Entscheidens herausgelöst und die Anforderungen der Rationalität von ethischen Normen und moralischen Skrupeln befreit hat." (Bauman [1989] 1992: 42) Aus dieser Perspektive ergibt sich im Hinblick auf die soziologische Einordnung des Holocaust, dass „die Moderne produktiv und nicht aus Schwäche oder Unzulänglichkeit zum Holocaust beigetragen hat. Die moderne Zivilisation spielte demzufolge eine aktive Rolle bei der Konzeption und Durchführung des Holocaust." ([1989] 1992: 103) Diese Möglichkeit bestand, weil der moderne Staat sich das Programm eines social engineering zu Eigen gemacht hat und mit einer bestimmten gesellschaftlichen Vision an die Gesellschaft herantritt. Der Staat agiert als Ordnungsfaktor der Gesellschaft und folgt dabei der Grundidee, dass der Staat ein Gärtner ist, der seinen Garten – die Gesellschaft – nach eigenem Gutdünken gestalten kann. Wenn diese Idee eine moderne Idee ist, so ist eine Konsequenz aus dem Holocaust zu ziehen: Er kann sich jederzeit wiederholen solange die Strukturen der Moderne wirksam sind.

Im Hinblick auf den Holocaust in der Auseinandersetzung mit Bauman ist vor allem festzuhalten, dass die Skizze in mehrfacher Hinsicht einseitig ist. Zum einen überschätzt Bauman die Bedeutung des Holocaust als einen historischen Bruch, als eine historische Zäsur. Hans Joas (1998) konnte aufzeigen, dass vermutlich nicht der Holocaust die historische Zäsur des 20. Jahrhunderts darstellt, sondern der lange Weg zum 1. Weltkrieg 1914-1918 der Auslöser für die nachfolgenden Entwicklungen gewesen ist. Auch Hans Ulrich Wehler (2003: 893) weist auf die Vielfalt von Einflussfaktoren hin, die den Holocaust möglich gemacht haben. Darunter fällt zwar einerseits der ausgeprägte Antisemitismus, die bürokratische Perfektion des gesamten Unternehmens, aber auch die Mitwirkung einer Vielzahl von „Organisationen und Dienststellen, Behörden und Sonderstäben" (Wehler 2003: 893; Goldhagen 1998). Es ist zu kurz gegriffen, den Holocaust als eine systematisch in Rationalisierungs- und Bürokratisierungsprozessen angelegte Möglichkeit zu begreifen. Es scheint angemessener, den Rationalisierungs- und Bürokratisierungsprozess als eine Voraussetzung des Holocaust darzustellen, die erst in Kombination mit zusätzlichen Faktoren den Holocaust herbeiführte.

Zudem ist zu gegenwärtigen, dass Genozide auch ohne Rationalisierung und ohne Bürokratisierung möglich sind (Freeman 1995). Sie können mit anderen Mitteln oder ohne die Mittel durchgeführt werden, die im Nationalsozialismus eingesetzt wurden. Dieser Hinweis zeigt, dass Bauman mit der Zuspitzung der historischen Erfahrung des Nationalsozialismus eine analytische Perspektive einsetzt, die auf viele historische Ereignisse angewandt werden kann. Sie ist nicht allein spezifisch nur für den Holocaust.

Auf Ähnlichkeiten der Analysen zum Holocaust zwischen Bauman und Hannah Arendt (1962) hat bereits Joas hingewiesen. Sie finden sich vor allem in den Kapiteln 7 und 12 des Buches *Elemente und Ursprünge totaler Herrschaft*. Ihre Argumentationsstrategie entspricht der von Bauman. Auch sie verweist darauf, dass Rationalisierung und Bürokratisierung, die Perfektionierung des Verwaltungsapparates, die Möglichkeit für den Holocaust schufen, weil sie gleichzeitig zu einer Entmoralisierung des Handelns geführt haben.

Bauman und Arendt haben in ihren Analysen gemeinsam, dass sie die Bedeutung von Gewalt für den modernen Entwicklungsprozess überzeichnen und den Holocaust auf seine bürokratische Realisierungsmöglichkeit reduzieren. Beide Engführungen sind in der Diskussion der Historiker nicht unumstritten. Denn Gewalt als solche ist kein Merkmal der Moderne allein, sondern sie ist ein Grundmerkmal von Vergesellschaftungszusammenhängen überhaupt. Die Gewalt ist nicht nur in der Moderne anzutreffen, sondern Gewalt ist allen Vergesellschaftungszusammenhängen eigen, weil Gewalt zu ihren Konstitutionsbedingungen gehört (Agamben 2002). An anderer Stelle (2005) weist Bauman selbst auch auf diesen Zusammenhang hin, weil er ein Gedankenspiel von Girard über den analytischen Beginn der Vergesellschaftung durch einen kollektiven Mord der Gruppe aufgreift. Zum anderen ist darauf hinzuweisen, dass es nicht nur der bürokratischen Rationalität und der Entmoralisierung der Menschen bedurfte, um den Holocaust möglich zu machen. Jenseits dieser beiden gewichtigen aber nicht allein ausschlaggebenden Einflussfaktoren, die nur notwendige aber nicht hinreichende Bedingungen für den Holocaust darstellen, sind weitere historische Randbedingungen zu gegenwärtigen, um eine umfassende soziologische Deutung des Holocaust herzustellen.

Festzuhalten ist insgesamt die enge Verbindung zwischen Rationalisierung, Ordnung und der Planung ihrer Umsetzung. Bereits in *Legislators and Interpreter* hatte Bauman, vorgreifend auf seine Analyse des Holocaust, auf den engen Zusammenhang zwischen Ordnungsentwurf und gesellschaftlicher Praxis hingedeutet. Als typisch modern wurde dort die Vorrangstellung des Ordnungsentwurfs vor der gesellschaftlichen Praxis gekennzeichnet. Dieses Verhältnis kehrt sich erst in der Postmoderne um, weil erst hier vielfältige Entwürfe in Konkurrenz treten und dadurch ihre Durchsetzungskraft abgeschwächt wird. Bis dahin jedoch dominiert der Entwurf und die rationale Planung seiner Umsetzung die gesellschaftliche Praxis.

Insgesamt ist, trotz der notwendigen Einschränkungen, die Strukturbeschreibung der Moderne als einer gewaltförmigen und an Effizienzkriterien orientierte Form der Sozialgestaltung durch den Staat mit dem Ziel der Unterwerfung der Gesellschaft ein wichtiger Beitrag zur Erfassung der sozialen Konsequenzen der Moderne. Mit *Modernity and the Holocaust* zeigt Bauman zum ersten Mal die sozialgeschichtliche Kraft seiner Grundüberlegung aus seiner semiotischen Kulturtheorie. Er demonstriert, wie die Geschichte der Kultur als eine Geschichte der Erzwingung von Ordnung, der Erzwingung einer eindeutigen kulturellen Ordnung geschrieben werden kann und wie gerade in diesem Rahmen der Holocaust interpretiert werden kann.

Modernity and the Holocaust legt den Grundstein, um den Charakter der Moderne als eine Kultur der Ordnung offen zu legen. Gleichzeitig kann sozialgeschichtlich wie auch sozialtheoretisch gezeigt werden, dass es innerhalb der Moderne einen verzweifelten Kampf um die Erzeugung einer eindeutigen Ordnung gibt und dass dieser Kampf – und das ist Baumans Pointe – von Anfang an entschieden und verloren ist. Denn eindeutige Ordnungen basieren darauf, dass alles in hinreichender Weise klassifiziert werden kann. Es darf nichts Unklassifizierbares zurückbleiben. Gerade das aber ist unmöglich.

Es gibt zwei soziale Phänomene, die auf die Grenzen jeder auf Klassifikation beruhenden kulturellen Ordnung hinweisen: der Fremde und der Jude (Bielefeld 1993). Beide, weil sie einer binären Klassifikationsordnung nicht eingefügt werden können. Der Fremde und der Jude haben gemeinsam, dass sie am Rande eines Klassifikationsschemas stehen und es von außen in Frage stellen. Bereits Simmels Analysen zum Fremden ([1900] 1992: 764-771) haben gezeigt, dass der Fremde, obwohl er in einem sozialen Bezugssystem verortet wird, nicht zu diesem sozialen Bezugssystem gehört. Selbiges gilt nach Bauman auch für den Juden. Juden und Fremde sprengen das klassifikatorische System der Klarheit der Orientierung, welches der Kultur der Moderne vorausliegt. Sie können daher als Versinnbildlichung der Grenzen jeder Klassifikation aufgefasst werden. Ebenso können sie damit auch als Ursache des Scheiterns eines Ordnungsanspruchs ausgezeichnet und der Bekämpfung überlassen werden.

Im Zusammenhang mit seiner Interpretation des Holocaust entwickelt Bauman gleichzeitig erste Ausblicke auf eine soziologische Theorie der Moral. Denn mit dem Holocaust wird auch die Frage aufgeworfen: Wie war genozidales Handeln als individuelles Handeln unter Berücksichtigung der Moralität des Menschen möglich?

Er reagiert damit auf das, was seine Studie über den Holocaust zu Tage brachte: Im Kern der Moderne gibt es eine moralische Lücke. Sie wird erzeugt durch den Rationalisierungs- und Bürokratisierungsprozess. Beide entmoralisieren das Soziale und entfernen das Moralische aus dem sozialen Zusammenhang.

War noch die klassische Annahme der Moralsoziologie im Anschluss an Emile Durkheim, dass die Gesellschaft in Form des Kollektivbewusstseins die Moralität des Einzelnen sichert, so zeigt der Holocaust die Schwäche dieser Annahme. Seitdem ist sie im Prinzip als eine Erklärung der Moralität fragwürdig. Denn im Falle des Holocaust kann man nicht mehr davon sprechen, dass die Gesellschaft die Moralität gesichert bzw. erzwungen hat. Der Holocaust führt vielmehr zu der These: „Die Gesellschaft verfährt mit der moralischen Fähigkeit nicht anders als mit jeder Art von Widersetzlichkeit, sie unterdrückt und instrumentalisiert sie oder lenkt sie in für nützlich oder unschädlich gehaltene Bahnen. Der Sozialisationsprozess dient der Manipulation der moralischen Fähigkeit – nicht ihrer Erzeugung. Die moralische Fähigkeit ist keineswegs nur das Objekt sozialer Manipulation, sondern enthält auch Elemente, die der Sozialisation wiederstehen oder sich ihr zu entziehen vermögen; Autorität und Verantwortung für moralische Entscheidungen sind bei der allein ausschlaggebenden Instanz zu suchen: beim Individuum." ([1989] 1992: 193) Anders als noch für Durkheim ist die Gesellschaft nicht länger der Garant von Moral, sondern der Gegenspieler der Moral. Diese Lücke kann erst unter den Bedingungen der Chance der Postmoderne gefüllt werden. Die Analyse der Moderne hängt direkt zusammen mit der Möglichkeit der Entwicklung einer Ethik der Postmoderne. Die Ethik der Postmoderne antwortet reflexiv auf das Defizit der Moderne in moralischer Hinsicht.

Mit dieser Abkehr von einer klassischen Moralsoziologie beginnt Bauman nun auf zweierlei Weise über die Konsequenzen, die aus dieser Strukturbeschreibung der Moderne zu ziehen sind nachzudenken. Einerseits gilt es die Strukturbeschreibung der Moderne im Hinblick auf die Möglichkeit und Bedeutung gesellschaftlicher Ordnung zu konkretisieren (II.5). Zum Zweiten ist weiterführend zu klären, wie diese aus der Auseinandersetzung mit dem Holocaust erwachsende Befassung mit Moral und Moralität unter den Bedingungen der Postmoderne ethiktheoretisch aufgegriffen werden kann (Exkurs).

5. Die Moderne und die Ambivalenz ihrer Ordnung

Der ersten Konsequenz, der Ausarbeitung eines sozialtheoretischen Modells der Ordnung der Moderne, widmet sich Bauman im unmittelbaren Anschluss an seine Arbeiten zum Holocaust. Es erscheint *Modernity and Ambivalence* ([1991] 1995 dt.: Moderne und Ambivalenz), der Versuch, den modernen Ordnungsversuch zu interpretieren. Diese Interpretation geht davon aus, dass der moderne Staat der Gesellschaft seine Ordnungsvorstellung aufzuzwingen suchte. Der Staat erscheint als ein gärtnerisch aktiver Staat, der in die Gesellschaft eingreift, so wie es der Ordnungsentwurf verlangt. Ordnung und die Möglichkeit sie zu erzwingen wird der Fluchtpunkt der Moderne ([1991] 1995: 23).

Dabei trifft er jedoch auf einen Gegner, der notwendigerweise jeder gesellschaftlichen Ordnung immanent ist, weil er zur conditio humana gehört: die Ambivalenz. „Ambivalenz, die Möglichkeit, einen Gegenstand oder ein Ereignis mehr als nur einer Kategorie zuzuordnen" ([1991] 1995: 13). Dieser Gegner ist in den Augen Baumans ein unbesiegbarer Gegner ([1991] 1995: 19). Weil er unbesiegbar ist, reagiert die Moderne mit besonders ausgeprägter Gewaltsamkeit auf ihn und versucht ihn zu zerstören oder der Vernichtung anheim zu stellen.

Ambivalenz, von Bauman an anderer Stelle auch als „Polysemie, kognitive Dissonanz, polyvalente Definitionen, Kontingenz" ([1991] 1995: 21) gefasst, ist genau genommen Ambiguität. Zweideutigkeit zeigt ein klassifikatorisches Problem an, Ambivalenz, Zweiwertigkeit hingegen eine erlebte Erfahrung. Bauman scheint mit der Differenz von Ambivalenz und Ambiguität zu spielen, um sich eine Analyseperspektive offen zu halten, die sowohl die Beschreibung eines

Klassifikationsproblems wie auch von Handlungen und Erfahrungen erlaubt. Seine Überlegungen chargieren durch diese Doppeldeutigkeit beständig zwischen einer theoretischen, analytischen und einer empirischen, wirklichkeitswissenschaftlichen Perspektive.

Er beschreibt in *Moderne und Ambivalenz* in eindringlicher Weise die verschiedenen Strategien, Ambivalenz aus der gesellschaftlichen Ordnung zu verbannen, indem er einerseits noch einmal die Geschichte der deutschen Juden rekonstruiert, Assimilationsstrategien beschreibt oder den privatisierten Umgang mit der Ambivalenz unter modernen Bedingungen skizziert. Denn wenn die Schlacht gegen die Ambivalenz schon immer verloren ist, dann kann Ambivalenz vom gärtnerischen Staat auch dadurch beseitigt werden, dass sie in einen Bereich außerhalb der Gesellschaft verlagert wird, in den privaten Bereich. Ihre Bewältigung wird dann zur Aufgabe der Einzelnen, die sich nicht mehr der kollektiven Beseitigung von Ambivalenz anvertrauen können. Die Auseinandersetzung mit der Ambivalenz tangiert dann den Ordnungsentwurf des Staates nicht mehr.

Mit dieser Verlagerung der Auseinandersetzung mit Ambivalenz ist der moderne Staat bereits an seine Grenzen gestoßen. Sie markiert den Übergang von Moderne zur Postmoderne. Es treten vermehrt gesellschaftliche Ambivalenzen auf, weil die Klassifikations- und Ordnungsansprüche des Staates gegenüber der Gesellschaft nicht mehr ohne Alternative sind. Vielmehr treten Ansprüche neben gleichberechtigte Ansprüche anderer gesellschaftlicher Akteure. Ordnungsversuche werden als Versuche erkennbar und müssen sich alternativen Versuchen stellen. Unter diesen Bedingungen ist die Kraft zur Erzwingung einer eindeutigen Ordnung geringer geworden. Der moderne Staat kann an der Schwelle zur Postmoderne seinen Ordnungsanspruch nicht mehr konkurrenzlos verwirklichen, sondern muss sich mit einer Vielzahl alternativer Ordnungsversuche messen. Der Verfall der strukturellen Macht der Moderne beginnt.

Dieser Übergang und der Verlust des Ordnungsanspruchs des modernen Staates gehen einher mit einer Veränderung des Wissensstatus. Wissen verliert seine eindeutige Legitimation durch den Verweis auf seine, weil nun Wahrheiten miteinander rivalisieren und um Anerkennung kämpfen. Wahrheit wird zu einem Produkt gesellschaftlicher Auseinandersetzungen. Sie wird für Interpretationen geöffnet. Dadurch verändert sich auch das Verständnis der Wissenschaften: Sie verwandeln sich von einem Gesetzgeber zu einem Anbieter von Interpretationsangeboten. Durch diesen Übergang wird gleichzeitig ein neuartiger Zweifel geweckt.

Der erste grundlegende Zweifel, der noch im Rahmen der Prämissen der Moderne zu bearbeiten wäre, stellt gelegentlich einfach die Ergebnisse des Wissens in Frage. Solcher Zweifel auf der inhaltlichen Ebene kann jederzeit durch

Überprüfung oder Verbesserung der Erklärungsstrategien aus der Welt geschafft werden. Mit dem Übergang zur Postmoderne entsteht jedoch ein zweiter Zweifel, dieser ist der grundlegendere. Er kann nicht beseitigt werden. Der erste Zweifel bezieht sich auf den Inhalt des Wissens, der zweite hingegen bezieht sich auf die Struktur des Wissens. Er stellt in Frage, ob das Wissen überhaupt als ein richtiges, überprüfbares oder nachweisbares anzusehen ist. Denn es gibt konkurrierendes Wissen und kein Kriterium, um entscheiden zu können, welches das bessere ist. Im Übergang zur Postmoderne wird nicht nur der alleinige Ordnungsanspruch des Staates, angegriffen. Die Postmoderne zerstört auch alle Gewissheit.

Dadurch entsteht eine Vielzahl von ungewissen Handlungschancen, die in gesellschaftlichen Auseinandersetzungen darum kämpfen, realisiert zu werden. Diese finden nicht mehr vor dem Hintergrund eines steuerungsfähigen, gärtnerischen Staates und normativer Integration statt. Denn der Modus der sozialen Integration wird beim Übergang von der Moderne zur Postmoderne transformiert. Mit der Pluralisierung von Deutungen nimmt die Verbindlichkeit normativer Festlegungen und Ansprüche ab. Es ist jetzt nicht mehr die normative Regulation durch staatliche Intervention, sondern nun sind es soziale Kämpfe um Anerkennung, um Freiheit, um Toleranz und Solidarität, die die gesellschaftliche Agenda bestimmen und zur treibenden Kraft der gesellschaftlichen Entwicklung werden. „Die Postmoderne ist eine Chance der Moderne. Toleranz ist eine Chance der Postmoderne. Solidarität ist die Chance der Toleranz. Solidarität ist eine Chance dritten Grades. Das klingt nicht sehr beruhigend für jemanden, der seine Hoffnungen auf die Solidarität setzt." ([1991] 1995: 313)

Mit dieser Skizze, die den Übergang zur Postmoderne aufnimmt, wird zugleich angedeutet, welche gesellschaftlichen Probleme sich ergeben. Die Postmoderne ist, weil sie eine Reflexion der Moderne ist, eine Chance für die Moderne, ihre innere Struktur zu erkennen. Ebenso eine Chance, um die Unmöglichkeit ihres Anliegens, eine eindeutige Ordnung zu schaffen, zu akzeptieren.

Tabelle 3: Staat, Ordnung und Zweifel in Moderne und Postmoderne

	Moderne	*Postmoderne*
Gesellschaftliche Integration	Normativ	Ausgehandelt
Selbstverständnis der (Sozial-)Wissenschaft	Legislator	Interpreter
Soziale Kontrolle	Normen und Repressionen	Repression und Verführung
Ansatzpunkt des Zweifels	Inhalt des Wissens	Form des Wissens

Wenn diese Einsicht sich durchgesetzt hat, dann ist Toleranz die Chance, die einer aufgeklärten Moderne, der Postmoderne bleibt, um die Gewaltsamkeit gesellschaftlicher Ordnungsverhältnisse zu vermeiden. Dadurch wiederum wird Solidarität erzeugt. Solidarität ist eine schwache Hoffnung, weil sie auf zwei Voraussetzungen aufbaut. Sie ist eine Konsequenz der Toleranz. Und diese wiederum ist eine der Postmoderne. Gesellschaftliche Solidarität ist eine abgeleitete Größe. Ihre Realisierung hängt davon ab, ob die vorangegangenen Entwicklungsschritte, die Postmoderne und Toleranz, erfolgreich realisiert wurden. Erst dann kann der Absolutheitsanspruch von Ordnungsversuchen abgelehnt und in der Folge Solidarität zwischen verschiedenen Ordnungsentwürfen in der gesellschaftlichen Lebenspraxis hergestellt werden.

Voraussetzung hierfür ist, dass man die Postmoderne als einen Bestandteil der Moderne versteht. „Postmoderne bedeutet nicht notwendig das Ende, die Diskreditierung oder Verwerfung der Moderne. Postmoderne ist nicht mehr (aber auch nicht weniger) als der moderne Geist, der einen langen, aufmerksamen und nüchternen Blick auf sich selbst wirft, auf seine Lage und seine vergangenen Werke, nicht ganz überzeugt von dem, was er sieht, und den Drang zur Veränderung verspürt. Postmoderne ist die Moderne, die volljährig wird: Die Moderne, die sich selbst aus der Distanz betrachtet statt von innen, die ein vollständiges Inventar von Verlust und Gewinn erstellt, sich selbst psychoanalysiert, die Absichten entdeckt, die sie niemals zuvor so gründlich analysiert hat, und findet, dass sie sich gegenseitig ausschließen und wiedersinnig sind. Postmoderne ist die Moderne, die sich mit ihrer eigenen Unmöglichkeit abfindet" ([1991] 1995: 333).

Mit dieser Skizze der Reflexivität der Postmoderne überschreitet Bauman die Möglichkeiten einer zeitlichen Interpretation des Verhältnisses von Moderne und Postmoderne. Denn das Kriterium zur Beschreibung der Postmodernen ist daran gebunden, dass eine bestimmte Stufe der Reflexivität erreicht wird. Eine Reflexivität, die sich den Bedingungen ihrer eigenen Möglichkeit stellt und feststellt, dass jedwede Ordnung eine fragile ist. Wenn diese Brüchigkeit der eigenen Voraussetzungen sichtbar geworden ist, dann kann Ambivalenz für den Vergesellschaftungszusammenhang eine andere Rolle spielen als noch unter den Bedingungen ihrer versuchten Zerstörung: „Wie alles andere ist sie zu einer der Stützen in dem Postmoderne genannten Spiel geworden" ([1991] 1995: 343) Ambivalenz, aufgefasst als Grundmerkmal der conditio humana, wird, befreit aus ihrer modernen Versklavung, Verdrängung und Vernichtung, zu einer Triebfeder postmoderner Vergesellschaftung. Mit ihr müssen sich sowohl der entmachtete Staat wie auch die immer mehr mit Ambivalenz konfrontierten Individuen auseinander setzen. Ambivalenz drängt die Moderne zur Postmoderne.

Exkurs: Dimensionen der Ambivalenz

Bereits ein kurzer Blick in das Werk Baumans offenbart, dass die Auseinandersetzung mit Ambivalenz, Ambiguität, Multivalenz und Vieldeutigkeit einen Fokus im Denken Baumans darstellt. Ambivalenz ist die zentrale theoretische Konzeption. Dringt man tiefer in das Werk ein, so entsteht der Eindruck der Allgegenwärtigkeit von Ambivalenz. Scheinbar unabhängig von der jeweils gewählten Fragestellung erscheinen Ambiguität, Ambivalenz und ihre sozialen Auswirkungen in thematisch so unterschiedlichen Bereichen wie der schon erwähnten Untersuchung zur gesellschaftlichen Rolle der Sozialwissenschaften, historischen Studien zur Geschichte der Judenvernichtung, sozialtheoretischen Analysen zur Kennzeichnung der Moderne wie in *Moderne und Ambivalenz* oder schließlich in Reflexionen zu den typischen Lebensformen und Lebensproblemen in der Postmoderne. Ambivalenz gilt Bauman als ein Grundmerkmal von Vergesellschaftungsprozessen. Im Folgenden soll aufgeklärt werden, wie und mit welchen Konsequenzen für seine Soziologie diese Annahme ausgeführt wird.

Bereits in der Grundlegung der semiotischen Kulturtheorie in *Culture as Praxis* ([1973] 1999) spielt in der Konstitution kultureller Ordnung durch den Aufbau klassifikatorischer Wissensordnungen Ambiguität eine Rolle, weil jede Wissensordnung mit anderen Wissensordnungen konkurriert und nur durch den Einsatz gesellschaftlicher Macht zuletzt ein Deutungssystem Verbindlichkeit erlangt. Später wird in *Legislator and Interpreter* (1987) das sozialtheoretische Problem aufgeworfen, wie sich die Rolle der Sozialwissenschaftler im gesellschaftlichen Kontext verändert, wenn das ehemals eindeutig bestimmbare und technologisch verwertbare Wissen in eine Vielzahl von Wissensformen übergeht. Die Rolle der Sozialwissenschaften wird dann, so Bauman, vom Gesetzgeber in einen Interpreten von Vergesellschaftungszusammenhängen transformiert. Diese Umformung beruht auf einer ihr vorausliegenden Veränderung der Bedeutung von Wahrheit im wissenschaftlichen Erkenntnisprozess – die Geltung einer Wahrheit wird durch die Bewegung des Zweifelns in die Geltung einer Vielzahl von Wahrheiten verwandelt.

Noch deutlicher als in diesen hauptsächlich das Konzept der Ambiguität aufschließenden Studie arbeitet Bauman die Bedeutung von Ambivalenz in *Modernity and the Holocaust* ([1989] 1992) heraus. In dieser geht es, die argumentative Grundfigur von Horkheimers und Adornos *Dialektik der Aufklärung* ([1944] 1969) aufgreifend, darum, aufzuzeigen, dass die durchgängige Rationalisierung und bürokratische Strukturierung aller Lebensbereiche den Holocaust möglich machte und folglich der Genozid als moderne Erscheinung verstehbar wird. Die *Dialektik der Ordnung* relationiert in einer schwierigen Abwägung Bewertungen historisch angelegter Entwicklungsmöglichkeiten: Einerseits gilt insbesondere Max Webers bürokratische Rationalisierung als eine Strategie zur Förderung demokratischer Entwicklungstendenzen, andererseits kann gezeigt werden, dass die Moderne gerade unter Rückgriff auf die Fähigkeiten zur bürokratischen Organisation und Rationalisierung den Massenmord möglich machte. Nimmt man beide Perspektiven zusammen, dann zeigt sich, dass Ambivalenz in der historischen Entwicklung immer schon angelegt ist.

Moderne und Ambivalenz ([1991] 1995) richtet die thematische Aufmerksamkeit direkt auf das sich seit *Legislator and Interpreter* Bahn brechendem Thema der Ambivalenz. Es ist der Versuch, die zeitdiagnostischen Konsequenzen aus der Studien zum Holocaust zu ziehen. Das Bild einer Moderne als Schlachtfeld des Kampfes gegen die Ambivalenz wird präsentiert, denn Ambivalenz gefährdet jeden Versuch zur Rationalisierung oder zur Herstellung einer eindeutigen Ordnung. Entsprechend der Allgegenwärtigkeit von Ambivalenz wird der Kampf gegen sie auch auf allen zugänglichen Ebenen – individuell, sozial und administrativ – geführt und die Gewaltsamkeit der Auseinandersetzung in Kauf genommen.

Mit der Skizze *Postmodern Ethics* ([1993] 1995), die ethisches Handeln vom Gedanken der Alterität aus denkt und nicht mehr der Gesetzförmigkeit des kategorischen Imperativs folgt, ist die Entfaltung der Annahme einer alles durchdringenden Ambivalenz vollendet. Die Auseinandersetzung mit Ambivalenz im und durch das ethische Handeln wird zum Beispiel einer Strategie der Bewältigung von Ambivalenz durch ihre rückhaltlosen Anerkennung, die von anderen Formen – etwa postmodernen Fluchttendenzen vor der Ambivalenz – abgegrenzt werden kann und Einblicke in das *Unbehagen in der Postmoderne* ([1997] 1999) gewährt.

Die Kontexte in denen Ambivalenz und Ambiguität in den Überlegungen Baumans eine tragende Rolle spielen, lassen sich systematisieren: Zuerst arbeitet Bauman auf einer *sozialtheoretischen* Ebene heraus, wie Ambiguität im Prozess der kulturellen Ordnungserzeugung notwendigerweise entstehen muss. Sodann geht er im zweiten Schritt dazu über, dieses sozialtheoretische Ambivalenzverständnis in seiner *historischen* Studie des Holocaust zu unterfüttern. Diese historische Explikation bereichert sein Verständnis von Ambivalenz und Ambiguität und bereitet eine dritte Form der Verwendung des Ambivalenzkonzeptes vor: als Angelpunkt *zeitdiagnostischer* Analysen. In diesen Reflektionen geht es vor allem um die gesellschaftlichen, aber auch um die individualpsychologischen Konsequenzen der Vorherrschaft von Ambivalenz und der jeweils daraus resultierenden Konsequenzen in Abhängigkeit von der gewählten Umgangsweise mit Ambivalenz. Und schließlich lässt sich eine vierte Ebene, die *ethische* Thematisierung von Ambivalenz auffinden, in der vor allem die Vorstellung einer Begegnung von Antlitz zu Antlitz Modell einer fruchtbaren postmodernen Auseinandersetzung mit Ambivalenz ist.

Jede dieser vier Ebenen der Thematisierung von Ambivalenz lässt sich durch ein Schlagwort kennzeichnen. Die sozialtheoretische Diskussion von Ambiguität und Ambivalenz begreift diese als Folge eines *Klassifikationsproblems*. Die historische Studie zur Ambivalenz beschreibt das Phänomen der Ambivalenz durch die Analyse der sozialen Formen der Auseinandersetzung mit Ambivalenz, vor allem der Genozid des Holocaust wird als ein letzter Schließungsversuch einer nach eindeutiger Ordnung strebender Moderne gekennzeichnet, und damit die *Gewalt* der Moderne im Umgang mit Ambivalenz in das Zentrum der Aufmerksamkeit gerückt. Dies wird nun auf der dritten Ebene zeitdiagnostisch so gewendet, dass das Scheitern der gewaltsamen Durchsetzung einer Klassifikationsordnung in eine Verflüssigung gesellschaftlicher Ordnung einmündet. Sie lässt die gesellschaftliche Regulation von Ambivalenz an die Individuen zurückfallen und leitet die *Privatisierung* der Auseinandersetzung mit Ambivalenz ein. Die vierte ethiktheoretische Reflexionsebene schließlich sucht mit Hilfe einer typenbildenden Phänomenologie der Formen der Auseinandersetzung mit Ambivalenz unter dem Begriff der *Verantwortung* in individual- und sozialpsychologischer Perspektive Lebensformen der Postmoderne zu beschreiben.

Nachfolgend wird zuerst die sozialtheoretische Rekonstruktion der Konstitution von Ambiguität und Ambivalenz für den Vergesellschaftungsprozess skizziert (1.), sodann die historische Sättigung dieser Annahmen im Zuge der Untersuchungen des Holocaust beschrieben (2.), um in einem dritten Schritt zur zeitdiagnostischen Analyse der Privatisierung von Ambivalenz überzugehen (3.) und schließlich mit der Rekonstruktion der ethiktheoretischen Reflexionen auf Verantwortung als Form der Auseinandersetzung mit Ambivalenz zu enden (4.).

Tabelle 4: Dimensionen der Diskussion und Merkmale von Ambivalenz

Dimension der Diskussion von Ambivalenz	Problematisiertes Merkmal von Ambivalenz
Sozialtheoretisch	Klassifikationsproblem
Historisch	Gewalt der Moderne
Zeitdiagnostisch	Privatisierung der Ambivalenz
Ethiktheoretisch	Verantwortung

Ad 1)   Bislang wurden in den Ausführungen zumeist Ambivalenz und Ambiguität gleichgesetzt. Das ist nicht statthaft, wenngleich Bauman gelegentlich den Eindruck hinterlässt, dass man beide Begriffe problemlos identifizieren könne. So wird etwa Ambivalenz als „die Möglichkeit, einen Gegenstand oder ein Ereignis mehr als nur einer Kategorie zuzuordnen" ([1991] 1995: 13) definiert, obwohl diese Definition dem üblichen Sprachgebrauch folgend Ambiguität beschreibt. Beide Begriffe fließen in der Verwendung ineinander und so unterbleibt eine genauere Aufklärung der Relation von Ambiguität und Ambivalenz.

Diese Verhältnisbestimmung ist aber dringlich, weil erst dann ein Verständnis der Dynamik von Vergesellschaftungsprozessen aus der Rekonstruktion ihres internen Zusammenhangs möglich wird. Wichtig ist, dass Ambiguität das sprachtheoretische Problem der Herstellung begrifflicher Zu- und Einordnungen meint, während Ambivalenz sich auf den Bewertungsprozess im Erleben und Handeln bezieht (Junge 2000: 229). Ambiguität als Vieldeutigkeit ist von Ambivalenz als einer Mehrwertigkeit von Bewertung zu unterscheiden. Ambiguität bezieht sich auf ein Klassifikationsproblem, hingegen wird Ambivalenz durch konkurrierende, das Handeln orientierende Werte und ihre Bewertung hervorgerufen. Beide Begriffe stehen in einem Ableitungszusammenhang, denn Bauman zeigt, dass es keine kulturelle, sprachliche Ordnung oder Klassifikation gibt, die ohne Ambiguität ist. Die Orientierung des Handelns und Erlebens an ambiguen Klassifikationen führt zu Ambivalenz, weil Ambiguitäten auf der Orientierungsebene in ambivalente Wertbezüge der Handlungsorientierung umschlagen.

Ausgangspunkt der wissenssoziologischen Rekonstruktion von Ambiguität ist für Bauman ([1973] 1999) die klassische Annahme der Sozialtheorie, dass der Mensch zur Erzeugung von Ordnung angesichts des Chaos der Welt gezwungen ist, um den hiatus irrationalis zu überwinden. Um das Chaos zu bewältigen, greift der Mensch auf von ihm selbst erzeugte kulturelle Ordnungsschemata zurück, um Kontrolle über das Chaos herzustellen. Die von Bauman entwickelte semiotische Kulturtheorie geht davon aus, dass Kultur Ausdruck eines sprachlichen Codes ist, der sich in Zeichenverwendung manifestiert und durch Benennung Ordnung schafft und soziale Praxis ermöglicht. Kultur ist ein Hilfsmittel, um die Vielzahl möglicher sinnhafter Deutungen der Welt auf eine begrenzte Zahl zu reduzieren. Ordnung meint bei Bauman Wissensordnungen. Diese sind aber, und dort liegt das Einfallstor für Ambiguität und in dessen Folge für Ambivalenz, niemals erfolgreich. Es gibt kein Klassifikationssystem, das alle Phänomene einzuordnen vermag. Vielmehr enthält jedes Klassifikationssystem Reste des nicht Klassifizierbaren. Diese Reste können sich verselbständigen und bieten dann Möglichkeiten zum Entwurf alternativer Ordnungen.

Anzumerken ist, dass die Konzeption des hiatus irrationalis als Startpunkt für die Entwicklung einer Praxistheorie nicht überzeugt. Dieser Einsatzpunkt für die Rekonstruktion der Bedeutung von Ambivalenz zeigt Bauman vielmehr noch vor der Praxistheorie. Denn mit dem konzeptionellen Übergang zur Praxistheorie fällt die für kulturtheoretische Analysen entscheidende Figur des hiatus irrationalis weg. In der praktischen Tätigkeit, in den Praktiken der Auseinandersetzung mit der Welt ist der hiatus immer schon überbrückt (Dewey [1929] 1995).

Die Wurzeln von Ambiguität liegen in der Verwendung von Klassifikationsordnungen. Denn jedwedes Klassifikationssystem ist unvollständig, sei es, weil klassifizierende Begriffe selber ambigue sind oder aber, weil das Klassifikationssystem ein ausgeschlossenes Drittes erzeugt, welches das Klassifikationssystem in Frage stellt und andere Deutungen unter Verwendung anderer Klassifikationssysteme ermöglicht. Kurz: Keine Klassifikationsordnung kann perfekt sein. Diese Imperfektion bedingt zugleich die Entstehung von Ambivalenz aus Ambiguität heraus, denn Orientierung entlang ambiguer Klassifikationen bereiten den Boden für ambivalente Handlungs- und Erlebensorientierungen.

Die Unvollkommenheit von klassifikatorischen Wissensordnungen zeigt sich daran, dass in jedem Klassifikationssystem bestimmte Phänomene ausgeschlossen bleiben. Als Beispiel aus dem Vergesellschaftungsgeschehen verwendet Bauman gern die neben die Klassifikation von Freund und Feind tretende Kategorie des Fremden ([1991] 1995: 99-131). Der Fremde ist weder Freund noch Feind. Gerade dadurch aber sprengt er die übliche dichotome Gegenüberstellung. „Gegen diesen behaglichen Antagonismus, dieses von Konflikten zerrissene Zusammenspiel von Freunden und Feinden rebelliert der Fremde. Die Bedrohung, die er mit sich bringt, ist erschreckender als die, die man vom Feinde fürchten muss. Der Fremde bedroht die Vergesellschaftung selbst, die Möglichkeit der Vergesellschaftung." ([1991] 1995: 75) Der Fremde, er bringt Unruhe in ein bis dato klares Beziehungsmuster und zeigt durch seine Anwesenheit bereits die Unvollkommenheit der Ordnung.

Sozialpsychologisch gesehen kann man auf diese sich am Fremden zeigende Spannung in unterschiedlicher Weise reagieren. Man kann versuchen, den Fremden durch Segregation oder Ghettoisierung wieder auszugrenzen, um so die

Geltung der Klassifikation vorübergehend wiederherzustellen. Genauso kann man aber auch den Fremden durch Assimilation so in die Relation von Freund und Feind hineinziehen, dass er letztlich einer der beiden Seiten zugeordnet werden kann. Der Fremde kann schließlich auch unterworfen und so einem anderen implizierten Klassifikationssystem – etwa: Herr und Knecht – eingegliedert werden, das jenseits der Freund-Feind-Dichotomie steht und deren Geltung außer Kraft setzt.

Im Hinblick auf die soziale Bewältigung der durch den Fremden sichtbar werdenden Ambiguität der Klassifikation von Freund und Feind und der damit ausgelösten Ambivalenz gewinnt die Erfindung der Nation (Anderson [1983] 1988) und des Nationalstaats ihre Legitimation. Denn die Hauptlast der Auseinandersetzung mit dieser Ambivalenz trägt der Nationalstaat. „Der Nationalstaat ist primär dazu bestimmt, mit dem Problem der Fremden, nicht mit dem der Feinde, fertig zu werden." ([1991] 1995: 86). Er existiert nach Bauman nur deshalb, weil er sich der Aufgabe gestellt hat, die Ambivalenz des Fremden durch die Einhegung eines Territoriums und die Errichtung einer eindeutigen Klassifikation innerhalb dieses Territoriums auszugrenzen.

Wie immer dieser Bewältigungsversuch auch normativ bewertet werden mag, er weist darauf hin, welche Zentralität den Phänomenen von Ambivalenz und Ambiguität für die soziale Dynamik und auch für die Erklärung von Wissensordnungen der Moderne beigemessen wird. In der Entwicklung der semiotischen Kulturtheorie Baumans liegt ein erster Ansatzpunkt für eine sozialtheoretische Diskussion von Ambiguität vor. Dieser weist voraus auf die spätere Diskussion der Transformation der Rolle der Sozialwissenschaften in *Legislator and Interpreter* und damit auch auf einen ersten Baustein einer Theorie der Postmoderne. Sie begreift die Postmoderne als notwendig zur Moderne gehörig, weil die Einheit der Moderne aus ihrer inneren Differenz von Moderne und Postmoderne erwächst.

Die Moderne wird von Bauman als ein letztlich scheiternder, zur Erfolglosigkeit verdammter Krieg gegen die Ambivalenz gekennzeichnet. „Die unmögliche Aufgabe wird durch die foci imaginarii der absoluten Wahrheit, der reinen Kunst, der Menschlichkeit als solcher, der Ordnung, der Gewissheit, der Harmonie, des Endes der Geschichte gestellt. Wie alle Horizonte können sie niemals erreicht werden. Wie alle Horizonte ermöglichen sie ein zielgerichtetes Gehen." ([1991] 1995: 23) Der Versuch, Eindeutigkeit der Klassifikation herzustellen, um die Moderne letztlich zu einer perfekten Ordnung zu gestalten führt dazu, dass es zwischen Moderne und Postmoderne einen fließenden Übergang gibt: Wenn die Moderne mit der Etablierung einer eindeutigen Klassifikation nicht erfolgreich sein kann, so ist im Kern der Moderne bereits die Postmoderne, die Zunahme uneindeutiger Klassifikationsordnungen angelegt.

Wenn Moderne der Versuch zur Etablierung einer eindeutigen Klassifikationsordnung ist, so ist die Postmoderne die Einsicht in das notwendige Scheitern dieses Versuchs. Vollständige Ordnung ist ein notwendigerweise zum Scheitern verurteiltes Unterfangen und die Moderne schlägt in die Postmoderne um, wenn die zunehmende sozial erkennbare Dominanz von Ambiguität und Ambivalenz im sozialen Zusammenleben anerkannt wird. Dies wiederum verbreitet die Einsicht in die Aussichtslosigkeit des Bemühens, Ambivalenz für immer beseitigen zu wollen und transformiert zugleich alle Wahrheitsbehauptungen in Deutungsangebote und die sozialwissenschaftlichen Gesetzgeber in Anbieter von Interpretationsmöglichkeiten.

Zusammengefasst: Die Formulierung des Verhältnisses von Ordnung und Chaos im Rahmen einer Theorie der Strukturation mit kulturtheoretischen Mitteln schließt an das klassische Ordnungsproblem an: Der Mensch ist zur Herstellung von Ordnung, das heißt zur Limitierung von Möglichkeiten gezwungen. Er muss sich kulturell formieren, um mit den Möglichkeiten der Welt umgehen zu können. Bereits das sprachtheoretische Verständnis von Kultur als Bewältigung der Spannung von Ordnung und Chaos platziert das Phänomen der Ambiguität im Zentrum der Soziologie Baumans. Und von dort aus lässt sich die Bedeutung von Ambivalenz für die Vergesellschaftung ableiten, weil diese ambiguen Sprach- und Klassifikationsspiele Handlungs- und Erlebnisorientierungen anleiten und dort zu Ambivalenz führen. Kurz: Ambivalenz ist der Vergesellschaftung aufgrund der Ambiguität aller Wissensordnungen inhärent.

Ad 2) Die historischen Überlegungen aus *Dialektik der Ordnung* ([1989] 1992) setzen einen Stachel für die Sozialwissenschaften, weil sie die übliche Diskussion des Holocaust vom Kopf auf die Füße stellt (Joas 1996; 1998; Kilminster/Varcoe 1998; Varcoe 1998) und bestimmte Gewaltformen als ein Spezifikum der Moderne ansehen (Nunner-Winkler 1996). Denn Bauman fragt gerade nicht mehr nach den Einflussfaktoren, die den Holocaust möglich machten, oder nach den Faktoren, die bestimmte soziale Typen wie den Mitläufer erzeugten, um in immer vertiefteren differentiellen Analysen nach weiteren Einflussfaktoren zu suchen. Vielmehr fragt er, angeregt durch das autobiographische Buch *Winter in the Morning* seiner Frau Janina Bauman (1986), danach, welches Vermächtnis der Holocaust für die Soziologie hinterlässt.

Mit dieser Umkehrung wird die Frage nach dem Selbstverständnis der Soziologie in der Moderne radikal thematisiert. Denn, so die Hauptthese: „Der Holocaust wurde inmitten der modernen, rationalen Gesellschaft konzipiert und durchgeführt, in einer hochentwickelten Zivilisation und im Umfeld außergewöhnlicher kultureller Leistungen; er muss daher als Problem dieser Gesellschaft, Zivilisation und Kultur betrachtet werden." ([1989] 1992: 10)

Vor diesem Hintergrund erscheint der Weg Deutschlands in den Nationalsozialismus und den anschließenden Holocaust nicht mehr als ein Sonderweg, wie ihn die meisten der deutschen Historiker zu erkennen meinen. Sondern der Holocaust stellt eine inhärente Möglichkeit der Entwicklung der Moderne dar. „Die Moderne machte den Genozid möglich, als sie das zweckgerichtete Handeln von moralischen Zwängen emanzipiert hatte. Die Moderne ist zwar nicht hinreichende Ursache des Genozids, aber ihre notwendige Bedingung." ([1991] 1995: 69) Der Holocaust kann in diesem Sinne als ein Schließungsversuch des modernen Klassifikationsprogramms betrachtet werden (Burkitt 1996; Freeman 1995). Dessen absehbares Scheitern wird als Mangel an Kontrolle erfahren und trägt zur nur scheinbar Unsicherheit minimierenden Intensivierung des Schließungsversuchs mittels gewaltsamer Ordnungsversuche bei. Dies erklärt einerseits die besondere Gewaltsamkeit dieser Phase der Moderne. Andererseits aber wird eine sozialtheoretische Konsequenz sichtbar: Von den Analysen des Holocaust aus ist es für Bauman nicht mehr weit, um zu einer daran anschließenden zeitdiagnostischen Reflexion der Bedeutung von Ambivalenz vorzustoßen.

Baumans Analysen zum Holocaust bedienen sich einer unausgesprochenen aber intensiven Rezeption der Bürokratisierungstheorie und Rationalisierungstheorie von Max Weber ([1922] 1985: 122-130). Denn das entscheidende Instrument der Durchsetzung des Holocaust und der Organisation der Judenvernichtung war die bürokratische Organisation. „Das ist die erschütterndste Lehre aus der Analyse des 'komplexen Phänomens Auschwitz', die Tatsache, dass die Wahl physischer Vernichtung als des richtigen Mittels zur Entfernung der Juden das Ergebnis eines bürokratischen Entscheidungsprozesses war." ([1989] 1992: 30) Der Holocaust wurde in Deutschland als bürokratisch organisierte Vernichtung eines ganzen Volkes angeordnet und durchgeführt, d.h. mit den Mitteln einer umfassenden Rationalisierung der Massenvernichtung (1993).

Die damaligen Machthaber setzten, um das Ziel der genoziden Judenvernichtung zu erreichen, zweierlei Mittel ein ([1989] 1992: 45-75). Einerseits griffen sie auf einen in Deutschland, aber nicht nur dort, manifest vorhandenen Antisemitismus zurück. Dieser musste allerdings, um den Holocaust mit massenhafter Unterstützung realisieren zu können, in einen manifesten Judenhass transformiert werden. Hierfür war es notwendig, dass die Juden zu einer sichtbaren, äußerlich erkennbaren Kategorie umgeformt wurden. Erst das Umschlagen von Antisemitismus in den Hass der „sichtbaren" Juden erlaubt ihre Unterwerfung unter das Klassifikationsbemühen der nationalsozialistischen Moderne. Dabei griff die Vernichtung der Juden vor allem zum Mittel der Entmoralisierung des Handelns. Diese wurde vor allem durch eine „Ethik" des Gehorsams, über die

die Milgramschen Experimente beredet Auskunft geben, ermöglicht. Sie bevorzugte Routine und automatisierte das soziale Verhalten. Ihre Opfer wurden dehumanisiert und ihnen jede Möglichkeit genommen, sich als Subjekt zu reetablieren. Hinzukommt, dass die bürokratische Organisation der Judenvernichtung ein geeignetes Mittel war, um der Diffusion der ethischen Verantwortung Vorschub zu leisten. Jeder führte nur aus. Nur wer gab die Anweisung? Jeder gab Anweisungen weiter. Nur wer gab die letzte Anweisung? All diese Tendenzen führen insgesamt dazu, dass die Judenvernichtung nahezu widerstandslos vonstatten gehen konnte in einer Gesellschaft, die durch den Staat vollständig beherrscht und okkupiert wurde. Die Gesellschaft als eigenständige Größe, wie sie noch in den Visionen Hegels zur bürgerlichen Gesellschaft aufscheint, existiert in diesem Szenario der Moderne nicht mehr. Die Moderne verwirklicht sich während des Holocaust in einem Staat, der das Ziel der Durchsetzung einer Klassifikation mit den Mitteln des Völkermordes anstrebte.

Diese Argumentation ist allerdings nicht ganz befriedigend, weil Bauman eine einseitige Lesart der Rationalisierungs- und Bürokratisierungstheorie von Max Weber vorlegt (du Gay 1999). Weber wird interpretiert, als wäre für ihn die Bürokratie das perfekte und einzige der Moderne angemessene Herrschaftsinstrument gewesen. Sicher, Weber war von der Leistungsfähigkeit einer bürokratischen Organisation überzeugt, doch zugleich erschien ihm Bürokratie auch immer als ein Hilfsmittel, um die Demokratie zu stärken, weil Bürokratie letztlich auf Egalität aller in bürokratischen Verfahren Involvierter zielt (Weber [1919] 1988). Gerade die Blindheit gegenüber der Person ist in den Augen von Weber ein Vehikel zur Förderung der Demokratie, weil nur noch die Sache, aber nicht mehr das Ansehen der Person zählt.

Diese Ambivalenz in Webers Einschätzung bürokratischer Rationalisierungsprozesse übergeht Bauman. Er sieht nur das Gehäuse der Hörigkeit, das katastrophische Ende vollkommen durchgeführter bürokratischer Rationalisierungsprozesse, ohne aber die demokratiebefördernden Potentiale bürokratischer Organisationen anzuerkennen. Die einseitige Lesart ist nur möglich durch die Vermeidung der Wahrnehmung genau der Ambivalenzen bürokratischer Rationalisierung, die bereits Weber in der Spannung zwischen Bürokratie als Gehäuse der Hörigkeit auf der einen Seite und einer Chance der Demokratie auf der anderen Seite sah.

Zusammenfassend: Einerseits wird der besondere Blickwinkel Baumans auf die im Holocaust sich katastrophisch realisierende Moderne möglich durch seine Ausblendung der inneren Ambivalenz von Rationalisierungs- und Bürokratisierungsprozessen. Andererseits hat diese Ausblendung fruchtbare Folgen für das weitere Verständnis der Moderne gezeigt. Die Studie hat überzeugend auf die

Gewalttätigkeit der Moderne hingewiesen und damit die Verklärung der Moderne als Aufklärung nochmals durchbrochen.

Ad 3) Der Übergang zur zeitdiagnostischen Diskussion von Ambivalenz geschieht mit *Modernity and Ambivalence* ([1991] 1995). In diesem Buch wird die Moderne allgemein als ein Feldzug gegen die Ambivalenz beschrieben, der scheitern muss und den Übergang zur Postmoderne einleitet. Der Übergang zwischen Moderne und Postmoderne, der zur thematischen Dominanz von Ambivalenz in der Zeitdiagnose führt, lässt sich wissenssoziologisch durch das Anwachsen von Zweifeln an der Gültigkeit der einen Metaerzählung der Moderne (Lyotard [1979] 1986) und der sozialen Verbreitung dieses Zweifels erklären. Damit greifen die Analysen auf die ursprüngliche kulturtheoretische Analyse von Wissensordnungen zurück und zeigen ihre Bedeutung für das Handeln auf.

Dieser Verlust der Einheitserzählung hat zur Folge, dass die Erzeugung von Solidarität durch die Garantie definitiver Grenzen zu anderen Klassifikationssystemen, beispielsweise durch den Nationalstaat, nicht mehr möglich ist. Schließlich führt dies zu einer den Übergang von der Moderne zur Postmoderne erleichternden Entwicklung, der Verbreitung der Privatisierung der Auseinandersetzung mit Ambivalenz. Diese Prozesse sind begleitet von einem Rücktritt des Staates von seiner ursprünglichen Ambition, ein Gärtner zu sein und alle sozialen Verhältnisse hinreichend ordnen zu können. Der Staat als Gärtner sieht, dass die Moderne im Wildwuchs enden muss, folglich macht es für ihn keinen Sinn mehr, ein einheitlich strukturiertes Territorium für die Geltungsansprüche eines vermeintlich eindeutigen Klassifikationssystems herzustellen. Staat und Nationalstaat geraten intern durch Ambivalenzen wie auch extern durch Globalisierungsprozesse an ihr Ende. Der Staat als Gärtner hat ausgedient.

Die Überlegungen Baumans zum Übergang von Moderne zur Postmoderne verbinden die wissenssoziologische Rekonstruktion der notwendigen Ambiguität von Klassifikationen mit einer historischen Diskussion der sozialen Verbreitung und Veralltäglichung von Ambivalenzerfahrungen aufgrund der nachlassenden Kraft des Staates zur Durchsetzung eines Klassifikationssystems. Im Gegensatz zur üblichen Einrede gegen Baumans Analyse zum Zusammenhang von Moderne und Ambivalenz (Matthes 1994; Nunner-Winkler 1996) führt Bauman in diesem Teil seiner Argumentation die analytische Definition von Ambivalenz mit einer historischen Entwicklungsskizze der Zunahme von Ambivalenz zusammen und kann gerade dadurch die These eines Übergangs zur Postmoderne begründen.

Dieser Prozess des Übergangs von der Moderne zur Postmoderne und des Rücktritts des Staates aus seiner bislang wahrgenommenen Wächterfunktion für die Herstellung einer eindeutigen Klassifikation führt zur Privatisierung der Ambivalenz. Hatte der Staat in der Moderne noch Interesse an der Ausbildung von Bürgern, so hat er in der Postmoderne nur noch Interesse an der Ausbildung von Konsumenten, weil sich sein Inklusions- und Exklusionsschema verändert hat. Dadurch entstehen neue Ambivalenzen, denen der Staat de facto aber nicht mehr Herr werden kann. Er reguliert nur noch die Grenzbereiche dessen, was die Inklusions- und Exklusionsformeln des Marktes an Ordnung nicht erzeugen können – so etwa die Ordnung des Strafens.

Damit wird die Privatisierung der Ambivalenz eingeleitet. „Ambivalenz ist aus der öffentlichen Sphäre in die private übergegangen, weil keine weltliche Macht mehr die Neigung zeigt, sie auszulöschen. Sie ist jetzt im Großen und Ganzen eine persönliche Angelegenheit. Wie so viele andere global-gesellschaftliche Probleme muss dieses jetzt individuell angepackt und, wenn überhaupt, mit individuellen Mitteln gelöst werden." ([1991] 1995: 239) Im Zuge dieser Entwicklung transformieren sich nun auch die Lebensformen der Individuen. Denn die Individuen, vom Staat und vom Markt allein gelassen in der Auseinandersetzung mit der Ambivalenz, sind nun auf sich gestellt. Folglich gilt es Umgangsformen zu finden, die dem vermehrten Aufbrechen von Ambivalenz in der Postmoderne gerecht werden können. Aus diesem Grund interessiert sich Bauman für Skizzen moderner und postmoderner Umgangsformen mit Ambivalenzen und zeichnet Veränderungen auf der sozialpsychologischen Ebene nach, die die Annahme tief greifender gesellschaftlicher Veränderung beim Übergang von der Moderne zur Postmoderne unterstützen.

War die moderne Lebensform gekennzeichnet durch die Sozialfigur des Pilgers, das heißt eines Suchenden, der ein Ziel hat, nämlich seine Identität zu finden, so lässt sich die postmoderne Figuration sozialpsychologisch durch die Figuren des Spaziergängers, des Vagabunden oder des Touristen kennzeichnen ([1995] 1997: 119-169). Diese postmodernen Figurationen oder postmodernen Lebensformen haben kein Ziel mehr. Ihr Weg ist ein Weg ohne Ende, Identität wird nicht mehr gesucht, sondern vermieden. Die postmoderne Zunahme an Ambivalenz führt dazu, dass es nun nicht mehr darum geht, in einer Lebensform Identität zu finden und zu stabilisieren, sondern eine Lebensform zu finden, die Identitätsfestlegungen definitiv vermeidet. Die Lebensformen der Postmoderne sind im Prinzip Fluchtbewegungen: Flucht vor der Ambivalenz und Flucht vor der Festlegung.

Die postmodernen Lebensformen bilden insgesamt die Metapher für die postmoderne Strategie mit ihrer Furcht vor Gebundenheit und Festlegung. „Unter den gemeinsamen Eigenschaften ragen zwei besonders hervor: in jeder der aufgeführten Situationen sind die Begegnungen (wenn überhaupt gestattet) fragmentarisch oder episodisch oder beides." ([1995] 1997: 84) Ihr hauptsächliches Interesse besteht in der Fragmentierung der Zeit in Episoden, um die für das soziale Leben der Postmoderne so bedeutsame Folgenlosigkeit von Interaktion, die Möglichkeit, Maske zu bleiben und nicht Antlitz zu werden, zu ermöglichen. Nebensein, Mitsein und Fürsein stellen die grundsätzlichen Modi des Zusammenseins dar, die sich typologisch anhand des Grades der Verdeckung der eigenen Person hinter einer Maske ordnen lassen. Nebensein folgt dem Interesse des Ausbleibens von Konsequenzen der Interaktion, die Folgenlosigkeit ist ihre Maxime, das Zusammensein bleibt fragmentarisch, episodisch, Individuen werden nicht in ihrer Einzigartigkeit wahrgenommen, sondern als an der Seite, ohne Bedeutung als Antlitz. Wenn das Nebensein in Mitsein übergeht, dann entstehen wechselseitige Abhängigkeiten, indem der an der Seite zum Gegenstand der Aufmerksamkeit wird, allerdings einer weiterhin flüchtigen Aufmerksamkeit, die jeweils nur aktuell relevant ist. Diese Art des Zusammenseins wird, weil sie sich noch scharf von der Begegnung von Antlitz zu Antlitz unterscheidet und durch eine Mischung aus Enthüllung und Geheimniskrämerei mit Hilfe der Maske dominiert wird, Vergegnung genannt, eine antlitzlose Begegnung ([1995] 1997: 87).

Nur das Fürsein entkommt der mit Nebensein und Mitsein verbundenen Isolation, nur im Modus des Fürseins kommt eine Begegnung von Antlitz zu Antlitz zustande. Aber diese Begegnung beruht auf der Bereitwilligkeit, sich der Erfahrung von Ambivalenz umfassend zu stellen. Fürsein flüchtet nicht vor der Ambivalenz, sondern stellt sich ihr, hält sie aus und erträgt, dass Fürsein immer riskant, ambivalent und problematisch ist ([1995] 1997: 88).

Wendet man die vorgeschlagene Typologie von Nebensein, Mitsein und Fürsein auf konkrete soziale Interaktionsformen an, so kann man vor allem zwei Idealtypen unterscheiden, die für die postmoderne Lebensform entscheidend sind: Tourist und Vagabund. Der Tourist ist auf der Reise und kann jederzeit wählen, wohin er gehen will. Für ihn ist bereits die Wahl vollkommen zufällig, entscheidend ist, dass er auf der Reise ist. Er ist überall gern gesehen, aber er bleibt auch nirgends. Anders hingegen der Vagabund, er stellt die soziale Kehrseite des Touristen dar. Auch er kann jederzeit kommen und gehen, nur ist es nicht seine Wahl. Denn ob er geht oder kommt, das hängt von denjenigen ab, zu denen er kommt. Der Vagabund muss unterwegs sein, während der Tourist unterwegs sein will.

Wo man hinsieht: Ambivalenz. Die Phänomene, die betrachtet werden, sind inhärent ambivalent und zugleich ist auch der Umgang mit ihnen und ihrer Ambivalenz selbst ambivalent. Insgesamt führt die als bedrohlich erfahrene Überflutung mit Ambivalenz zum *Unbehagen in der Postmoderne* ([1997] 1999), welches sich spiegelbildlich zum Unbehagen in der Moderne verhält. „Das Unbehagen in der Moderne erwuchs aus einer Art Sicherheit, die im Streben nach dem individuellen Glück zu wenig Freiheit tolerierte. Das 'Unbehagen der Postmoderne' entsteht aus einer Freiheit, die auf der Suche nach Lustgewinn zu wenig individuelle Sicherheit toleriert." ([1997] 1999: 11) Das Unbehagen an der Moderne entsteht aus einem Übermaß an Ordnung, während das Unbehagen an der Postmoderne aus einem Übermaß an Freiheit erwächst. So ist selbst noch das Verhältnis von modernen und postmodernen Lebensformen ambivalent, weil die Wahl zwischen beiden die Wahl zwischen zwei Unbehagen ist.

Fasst man die Skizze der typischen Lebensformen in der Postmoderne zusammen und lässt die für Bauman offensichtlich eine Alternative hierzu bietende Lebensform des ethischen Lebens aus Verantwortung heraus in der Betrachtung außen vor, so kann man sagen, dass postmoderne Lebensformen Episodenhaftigkeit und Fragmenthaftigkeit des sozialen Lebens anstreben und jede Festlegung zu vermeiden suchen. In der Postmoderne gelten Lebensformen als erstrebenswert, die unvollständige Begegnungen mit anderen in einem Meer von Begegnungen ertrinken lassen, ohne dass diese als Einzelne mit Bedeutung zurückbleiben.

Die zeitdiagnostischen Überlegungen hinterlassen den überwältigenden Eindruck der Allgegenwärtigkeit von Ambivalenz. Kurz: Ambivalenz aller Orten. Flucht vor der Ambivalenz scheint unmöglich. Was kann angesichts dessen getan werden, um das Leben in der Postmoderne leben zu können?

Ad 4) Man kann Chancen nutzen, die die Postmoderne bietet. „Die Postmoderne ist eine Chance der Moderne. Toleranz ist eine Chance der Postmoderne. Solidarität ist die Chance der Toleranz. Solidarität ist eine Chance dritten Grades. Das klingt nicht sehr beruhigend für jemanden, der seine Hoffnungen auf die Solidarität setzt." ([1991] 1995: 313) Doch gerade auf diese schwachen Chancen setzt Bauman, um die Möglichkeit ethischen Handelns als Form der Ambivalenzbewältigung des Individuums (Kron 2000; 2001) ins Spiel zu bringen.

Denn trotz der sozialen Dominanz von Fluchttendenzen postmoderner Lebensformen vor jeder Art von Festlegung gibt es in den Augen von Bauman eine Alternative hierzu. Das Gegenteil von Flucht ist Standhalten, Aushalten, Auseinandersetzen. Eine solche Form des Umgangs mit Ambivalenz kommt für ihn im ethischen Handeln zum Ausdruck. Ethisches Verhalten in der Postmoderne stellt sich den Ambivalenzen und ist gekennzeichnet durch die Übernahme von Verantwortung für den Anderen. Im Anschluss an Lévinas ([1980] 1987; [1982] 1992) skizziert Bauman eine Ethik der Alterität, um zu zeigen, dass eine Auseinandersetzung mit der Ambivalenz Voraussetzung ethischen Handelns ist. „Das ist in etwa die Idee, die ich in meinem Buch 'Postmoderne Ethik' zum Ausdruck bringen wollte: Dass die Postmoderne zugleich Fluch und Chance der moralischen Person ist. Und dass es ihrerseits eine moralische Frage ist, welche der beiden Gesichter der postmodernen Situation sich als ihr bleibendes Bildnis herausstellen wird." ([1995] 1997: 20)

Die Entfaltung dieser Ethikvorstellung geht von einer Kritik des kategorischen Imperativs aus, weil dieser zur Moderne adäquat ist und ihr Muster wiederholt: den unbedingten Geltungsanspruch einer alles klassifizierenden Norm. Damit wird aber in den Augen Baumans das Moralische verfehlt. Denn moralische Situationen konfrontieren das Individuum in umfassender Weise mit Ambivalenz, weil es in dieser Situation keine Anhaltspunkte und kein Ordnungsschema mehr gibt. Weil dann keine soziale Regel oder gar ein kategorischer Imperativ definiert was zu tun ist, ist gerade eine „wirkliche" Begegnung von Antlitz zu Antlitz möglich. Deshalb wird eine ethische Theorie vorgeschlagen, die von der Verantwortlichkeit des Einzelnen für den Anderen und der „Unendlichkeit" der Erfahrung des Anderen ausgeht. Moralisches Handeln ist dabei Resultat einer ethischen Entscheidung vor jeder sozial regulierten sozialen Beziehung, das Ergebnis präsozialer Verantwortung für den Anderen im Rückgriff auf einen angeborenen moralischen Impuls, den es nach der Herrschaft des kategorischen Imperativs erst wieder zu entdecken gilt.

Insistieren die ethiktheoretischen Schriften Baumans zu Recht gegen den kategorischen Imperativ auf der Ambivalenz jeder moralischen Entscheidung, so verfehlt das entwickelte Modell radikaler Alterität doch die soziale Dimension moralischer Entscheidungssituationen. Die Idee eines angeborenen, vorsozialen Impulses zur Verantwortung unterläuft konzeptionell, was Moral soziologisch bedeutsam werden lässt: die reziproke Regulation sozialer Beziehungen.

Zieht man Bilanz, so zeigen die sozialtheoretischen, die historischen, die zeitdiagnostischen und die ethischen Reflexionsebenen von Ambivalenz, dass Ambivalenz und Ambiguität zentrale Bestandteile jeder Diskussion über Vergesellschaftungsprozesse sind. Zudem sind sie, weil im Kontext der Spannung von Ordnung und Chaos situiert, entscheidende begriffliche Mittel, um den Zusammenhang von Moderne und Postmoderne erfassen zu können. Die Soziologie der Postmoderne Baumans ist eine überzeugende Aufforderung, Ambivalenz zu einem zentralen Gegenstand soziologischen Reflektierens werden zu lassen.

Schließt man insbesondere an die Möglichkeit an, das Phänomen von Ambiguität und die daraus resultierende Ambivalenz zu einem Ausgangspunkt der Rekonstruktion von Prozessen der Erzeugung sozialer Ordnung zu machen, so wird soziale Ordnung als ein beweglicher, in sich variabler Zusammenhang verstehbar. Der Ordnungsbegriff wird zu einem Kontinuum mehr oder weniger großer Ordnungshaftigkeit transformiert und die Vorstellung einer über eine statische normative Orientierung der Mitglieder einer Gesellschaft aufgebauten Ordnung wird obsolet (Junge 2003b; 2003c).

Ambivalenz kann ein Grundbegriff der Rekonstruktion sozialer Ordnung sein. Sie kann unter Rückgriff auf Simmel und im Anschluss an Bauman als Anstoß für Vergesellschaftungsprozesse verstehbar gemacht werden. Vergesellschaftung ist dann nichts anderes als der Prozess der Erzeugung von Ordnungen der Ambivalenzbewältigung (Junge 2000b). Nimmt man diesen Fokus auf, so hat man eine der postmodernen gesellschaftlichen Verfasstheit adäquaten Zugriff auf das Ordnungsproblem, der den inneren Verweisungszusammenhang von Ordnung und Ambivalenz aufnimmt und die beständige Bewegung und Flüssigkeit sozialer Ordnungen als Auswirkung von Ambivalenz begreift.

III. Von der Moderne über die Postmoderne zur Flüchtigen Moderne

1. Einblicke in die Postmoderne

Postmoderne ist etwas anderes als Moderne. In der Diskussion hat sich mittlerweile die Einsicht durchgesetzt, dass Moderne und Postmoderne nicht als zwei aufeinander folgende historische Phasen zu verstehen sind. Vielmehr gilt die Postmoderne als ein Bestandteil der Moderne. Kurz: Moderne und Postmoderne sind untrennbare Zwillinge. Die Postmoderne überschreitet die Moderne ohne sie zu verlassen. Sie stellt eine Reflexionsform der Moderne dar. Lyotard hat dies eindringlich formuliert ([1987] 1988) und Bauman stützt sich auf diese Deutung.

Im Zuge der Transformation von Moderne zur Postmoderne schwindet die gesellschaftliche Kraft zur Erzwingung von Ordnung. Eine postmoderne Gesellschaft ist nicht mehr länger in der Lage, Ordnung zu garantieren. Stattdessen infiltrieren und unterhöhlen Ambivalenzen alle Ordnungen. Aus dem Zusammenbruch der Idee vollkommener Ordnung folgt das Definitionsmerkmal des postmodernen Lebens: die verschwindende Einheit des Diskurses, Fragmentierung und Diskontinuierung der Erfahrung und eine Zunahme unvorhergesehener Konsequenzen des Handelns. Daher hat Bauman zu schließen, dass Kultur nicht länger zur Kontrolle der möglichen Interpretationen der Welt in der Lage ist und eine Vielzahl von Interpretationen ohne eine übergreifende Deutungsregel das gesellschaftliche Leben bestimmen.

Moderne Vergesellschaftung ist in den Augen von Bauman geprägt durch das Konzept der Sozialisierung, der Unterwerfung des Individuums unter kollektiv geteilte Normen, deren Geltung erzwungen werden kann. Sozialisierung hat ein Telos, das in Übereinstimmung mit dem Ordnungsentwurf der Moderne zu formulieren ist. Im Gegensatz hierzu erweist sich postmoderne Vergesellschaftung als eine ziellose Vergesellschaftung. Sie hat kein Telos, weil sie keinen Ordnungsentwurf hat. Ohne Ordnungsentwurf kann sie keine Struktur erzwingen. Deshalb ist die Form der Vergesellschaftung in der Postmoderne die der Sozialität, einer Vergesellschaftung, die vor allem in ihrer Prozessualität zu erkennen ist.

Sozialität ist in der Postmoderne fragmentiert und episodisch, sie erzeugt keine Geschichtlichkeit und damit auch keinen kontinuierlichen Strom kollektiver Probleme. Sozialität als ein zielloses Prozessieren von Vergesellschaftung setzt den Menschen frei von der Herrschaft der Ordnungsentwürfe der Moderne, führt aber zugleich dazu, dass der Führungsanspruch der Gesellschaft gegenüber den Individuen verloren geht. Daraus resultiert ein spezifisches Unbehagen in der Postmoderne.

Analog zum Unbehagen in der Moderne gibt es ein Unbehagen in der Postmoderne. Das Unbehagen in der Moderne war das Übermaß an gesellschaftlicher Sicherheit durch den Ordnungsentwurf, der individuelle Freiheit unmöglich machte. Diese Struktur kippt in der Postmoderne um, indem zuviel individuelle Freiheit gewährt wird unter Ermangelung der anthropologisch notwendigen Sicherheit externer Stützen (Gehlen [1940] 1986; [1952] 1963). Unbehagen in der Moderne und Unbehagen in der Postmoderne verhalten sich spiegelbildlich zueinander (Kastner 2000: 154).

Diese Beschreibung postmoderner Gesellschaften beruht auf einem Bild eines Individuums als Konsument oder Spieler, im Gegensatz zu den modernen Charakteren des Produzenten oder Soldaten. Konsument und Spieler beschreiben das Individuum als einen wahrnehmenden Organismus, der im postmodernen Spiel nach Fitness strebt, um im Spiel bleiben zu können. Der in der Moderne noch regulierte soziale Körper erhält eine andere Funktion. Er wird in ein Instrument der Fitness verwandelt, welches zu erhalten ist, um die gesellschaftliche Handlungsfähigkeit zu sichern. „The postmodern body is first and foremost a receiver of sensations; it imbibes and digests experiences; the capacity of being stimulated renders it an instrument of pleasure. That capacity is called fitness" (1995: 116).

Intimations of Postmodernity ([1992] 1995 dt.: Ansichten der Postmoderne) fasst Baumans Überlegungen zu einer Soziologie der Postmoderne zusammen. Es bietet Ausflüge in die ethische Theorie, diskutiert das Werk Baudrillards und versucht Anknüpfungspunkte im soziologischen Diskurs für die Entwicklung einer Soziologie der Postmoderne zu finden. Vor allem in der Auseinandersetzung mit den Arbeiten Baudrillards, die eine postmoderne Soziologie darstellen (Junge 2002), arbeitet Bauman heraus: „die postmoderne Soziologie antwortet auf den postmodernen Zustand mit Mimesis" ([1992] 1995: 71). Das ist in seinen Augen unangemessen, weil damit die soziologische Analyseperspektive verloren geht. Demgegenüber schlägt er vor „Meine These ist stattdessen, dass die Postmoderne ... die Gestalt eines voll entwickelten funktionsfähigen gesellschaftlichen Systems hat, das die ‚klassische' moderne kapitalistische Gesellschaft ersetzt hat und deshalb ihrer eigenen Logik gemäß theoretisiert werden muss." ([1992] 1995: 83) Dies führt ihn dazu, eine Soziologie der Postmoderne zu fordern: „Soziologen sollten, statt nach einer neuen Form von postmoderner Soziologie zu suchen ..., eine Soziologie der Postmoderne entwickeln" ([1992] 1995: 96-97).

In diesem Zusammenhang werden die grundlegenden Merkmale der Vergesellschaftung in der Postmoderne beschrieben. Zuerst gilt ihm Postmoderne nicht mehr als ein nur auf den Bereich des Kulturellen beschränktes Phänomen, sondern es ist eine tief greifende Veränderung der sozialen Welt. Die Veränderungen betreffen die Sphäre der Systemreproduktion, die gesellschaftliche Integration und die Strukturen der Lebenswelt. Deshalb ist eine Soziologie der Postmoderne zu entwickeln, die nicht der mimetischen Strategie einer postmodernen Soziologie folgt. Und schließlich muss eine solche Soziologie von der Idee des Nationalstaates, dem typischen Modell der Moderne, Abstand nehmen und anerkennen, dass der Nationalstaat heute keine ausreichenden Triebkräfte mehr für die Entwicklung eines sozialen Zusammenhangs enthält.

Für eine solche Soziologie der Postmoderne schlägt er daher vor „Gesellschaftlichkeit, Lebensraum, Selbstkonstituierung und Zusammensetzung des Selbst in der Theorie der Postmoderne an der zentralen Stelle zu platzieren, die in der orthodoxen modernen Gesellschaftstheorie für die Kategorie Gesellschaft, normative Gruppe (wie Klasse und Gemeinschaft), Sozialisation und Kontrolle reserviert war." ([1992] 1995: 226) Mit diesen Konzepten macht Bauman den Versuch, Begrifflichkeiten für Analysen der Postmoderne bereitzustellen, die soziologisch zugänglich sind und gleichzeitig die starren Fesseln moderner Konzepte aufzubrechen. Denn diese modernen Konzepte gingen immer von der Möglichkeit einer normativen Regulation und einer normativen sozialen Integration aus. Der Mechanismen normativer Regulation ist in der Postmoderne, wie Bauman schon früher erläuterte und in den nächsten Jahren immer wieder erläutern wird, nicht mhr einsetzbar.

Normative Integration wird durch Verführung ersetzt, weil die starke Atomisierung der Individuen die Form der normativen Integration zerstört. In der Flüchtigen Moderne wird die gesellschaftliche Integration auf den Mechanismen der systemischen Integration umgestellt. Diese Diagnose weist Überschneidungen wie auch Differenzen zur Diagnose von Habermas (1981) über die Kolonialisierung der Lebenswelt auf, ist jedoch in einem ganz anderen Kontext situiert und sucht keinen Anschluss an die kritische Theorie der zweiten Generation. Bauman folgt auch während der Entwicklung einer Soziologie der Postmoderne seinem naturalistischen Humanismus und versucht, Soziologie als eine auf Emanzipation zielende Wissenschaft zu entwickeln, ohne sich der starken normativen Fundierungen einer solchen Soziologie etwa bei Habermas vergewissern zu wollen. Seine Theorieintention verfolgt weiter sein ursprüngliches praxistheoretisches Anliegen unter Berücksichtigung der besonderen Bedeutung von Kultur.

Von besonderer Bedeutung für eine Kultur und vor allem für ihre religiösen Deutungsmuster sind Antworten auf die Sterblichkeit de Menschen, den Tod und das Sterben. Die Theodizeeproblematik ist eine der ersten Wurzeln von Kultur.

Und so fragt *Mortality, Immortality and Other Life Strategies* ([1992] 1994 dt.: Tod, Unsterblichkeit und andere Lebensstrategien) unter Verwendung sozialhistorischen Materials nach der Bedeutung des Todes für die Gesellschaft. Bauman zielt auf die Entwicklung einer Sozialtheorie, die die „Anwesenheit des Todes ... in all den Institutionen, Ritualen und Meinungen der Menschen aufzudecken und einer Untersuchung zugänglich machen will" ([1992] 1994: 8). Der Anspruch besteht nicht darin, eine Thanatologie zu entwickeln, sondern einen Beitrag zur soziologischen Theorie im Allgemeinen unter besonderer Berücksichtigung des Todes zu leisten.

Diese Studie ist eines von seinen schönsten Büchern. Es schildert detailliert verschiedene historische Formen des Sterbens, der Verarbeitung des Todes und ihrer kulturellen Integration und gleichzeitigen Unsichtbarmachung. Tod und Sterben werden aus dem gesellschaftlichen und kulturellen Kanon herausgedrängt, weil damit zugleich etwas über den Ursprung der Kultur als ein Reservoir von Sinndeutungen zu erfahren ist.

Baumans Analysen zur gesellschaftlichen und kulturellen Bedeutung des Todes zeigen in fünf großen Kapiteln vor allem auf, dass Gesellschaften den Tod und das Sterben aus der gesellschaftlichen Wahrnehmung heraushalten. In der gesellschaftlichen Praxis gibt es hierzu verschiedene Möglichkeiten. Die erste Möglichkeit, den Tod aus der gesellschaftlichen Wahrnehmung heraus zu halten, ihn bedeutungslos zu machen, besteht darin, sich in Transzendenz zu flüchten. Etwa annehmen, dass es eine wie auch immer geartete Form des Lebens nach dem Tode gibt. Sodann ist zweitens zu erwähnen, dass im Alltagsdenken sehr häufig die Figur auftaucht, dass nach dem Tod einer Person diese in der Erinnerung anderer Personen weiterlebt. Dies ist insbesondere verkoppelt mit der Konzeption der Familie. In dieser wird das Überleben der Individualperson durch das Weiterleben in der Erinnerung des Kollektivs symbolisiert und insofern der Tod „überwunden". Drittens zeichnen sich moderne Gesellschaften dadurch aus, dass im Zuge eines ausgebauten Gesundheitssystems der Tod und das Sterben, vor allem das Sterben, in eine medizinisch behandelbare Situation überführt wird. Das Sterben wird in eine Gruppe von einzelnen Krankheiten aufgeteilt, die je einzeln behandelt und damit der Kontrolle unterworfen werden können. Das Sterben wird hierdurch handhabbar gemacht. Es wird zum Gegenstand medizinischer Behandlung und die Dimension des Todes verschwindet aus der Betrachtung. In einer Konsumgesellschaft kommt noch ein viertes Merkmal hinzu, welches den Tod letztlich vollständig aus der kulturellen und gesellschaftlichen Wahrnehmung heraushält: die Idee der Ersetzbarkeit. Konsumgesellschaften bauen darauf auf, dass jedes Objekt ein Objekt der Wahl ist und jederzeit durch ein beliebiges anderes Objekt ersetzt werden kann. Ersetzbarkeit negiert den Tod, weil der Tod geknüpft ist an die Bedingung der Einmaligkeit, der Unersetzbarkeit. Konsumgesellschaften neutralisieren den Gedanken des Todes endgültig, weil der Tod sich unter den Prämissen einer Konsumgesellschaft nicht mehr denken lässt.

So werden Tod und Sterben in der gesellschaftlichen und kulturellen Praxis unsichtbar gemacht und damit Vergesellschaftung überhaupt erst möglich gemacht. Mit *Tod, Unsterblichkeit und andere Lebensstrategien* kehrt Bauman noch einmal zurück zu seinen praxistheoretischen Wurzeln und erfasst nicht nur das Problem der Sinnzuweisung und des Entwurfs einer Ordnung als Grundproblem der Sozialtheorie, sondern ebenfalls die menschliche Sterblichkeit, die eine kulturelle Antwort fordert.

Die Auffassung von Politik in der Moderne wird klassisch von Max Weber formuliert: Politik ist die Herstellung kollektiv verbindlicher Entscheidungen. Diese Auffassung von Politik begreift den Staat als eine Instanz, die regulierend in das gesellschaftliche Geschehen eingreift. Der Staat setzt Rahmenbedingungen für Entscheidungsprozesse. Vorausgesetzt werden muss dabei, dass die Eingriffe des Staates nicht als schlichte Machtausübung oder Zwang verstanden werden können. Sondern – in welcher Form auch immer – zurückgebunden werden an ein normatives Einverständnis des gesellschaftlichen Raumes. Dieses kann nur im Rahmen der Öffentlichkeit und durch Verfahren der Legitimierung geschehen.

Vor diesem Hintergrund entwickelt Bauman eine Skizze der Politik in der Postmoderne. Für sie gilt vor allem, dass sie, so bereits der Titel, eine Suche beschreibt: *In Search of Politics* ([1999] 2000 dt.: Die Krise der Politik. Fluch und Chance einer neuen Öffentlichkeit). Die Ausgangsthese ist, dass das klassische Muster der Politik nicht mehr auffindbar ist, sondern sich in der Postmoderne stattdessen die Suche nach einer neuen Form der Politik und des Politischen findet. Die Suche startet weiterhin von der erfahrbaren und erlebten Spannung zwischen der Freiheit des Individuums auf der einen Seite und der Eigengesetzlichkeit des Weltlaufs auf der anderen Seite. Dabei ist zu bedenken, und das spiegelt die postmoderne Erfahrung der Individuen wider, dass gleichzeitig das Maß an individueller Freiheit und die Eigenständigkeit einer sozialen Ordnung, wachsen. Diese ambivalente Erfahrung von wachsender Freiheit und wachsender Einbindung und Restriktion führt zu einer grundlegenden Problematik. Dass „das Anwachsen individueller Freiheit mit dem Anwachsen kollektiver Ohnmacht insofern zusammenfallen kann, als die Brücke zwischen privatem und öffentlichen Leben eingestürzt ist" ([1999] 2000: 9). Individuelle Freiheit und kollektive Ohnmacht, sich in der Handlungsunfähigkeit des Nationalstaats zeigend, können gleichzeitig zunehmen. Diese Gleichzeitigkeit zerstört das Fundament einer Absicherung individueller Risiken der Freiheitsausübung durch kollektive Sicherungsmechanismen. Kurz: Individuelle Freiheit wird zum Drahtseilakt ohne Netz.

Die erwähnte Brücke ist aber notwendig, um eine angemessene Berücksichtigung legitimer Interessen des privaten und des öffentlichen Lebens zu gewährleisten. Daher müssen Ideen entwickelt werden, wie die Brücke wieder aufgebaut werden kann. Sein Handlungsvorschlag greift auf die klassische Idee der antiken polis zurück. Man unterscheidet in der Analyse der polis zwischen oikos, ekklesia und agora. Oikos war der Bereich des Haushalts, die Sphäre der wirtschaftlichen und privaten Reproduktion. Ekklesia war der Machtanspruch des bestehenden Staates, der sich vor allem in der Organisation der Verteidigungsfähigkeit und des Militärwesens manifestierte. Die agora schließlich war im klassischen Athen der Marktplatz, an dem nur Dinge von öffentlichem Interesse behandelt werden durften.

Während der bürgerschaftlichen Diskussionen in der agora verlor sich die Artikulation privater Lebensäußerungen im von der agora abgewandten Teil. Der oikos muss als eine Einheit privater und ökonomischer Lebensführung begriffen werden, dessen private Reproduktion jedoch in der agora selbst nicht erscheinen durfte. Dieses klassische Modell des Zusammenhangs von Staat, Öffentlichkeit und Privatheit überträgt Zygmunt Bauman auf die Moderne und hält es in groben Zügen in der Moderne auch für realisiert.

Die Realisierung einer bürgerschaftlichen Öffentlichkeit im Sinne der agora ermöglicht eine Balance zwischen Privatheit und Öffentlichkeit. Diese ist Voraussetzung für Autonomie: „Individuelle Freiheit kann nur das Ergebnis gemeinsamer Anstrengung sein" ([1999] 2000: 15). Diese These greift zurück auf ursprünglich in *Freedom* (1988) und *Towards a Critical Sociology* ([1990] 2000) entwickelte Überlegungen, dass Freiheit nur als relationales Konzept verstanden werden kann. Nur wenn ein ausgewogenes Verhältnis zwischen Privatheit und Öffentlichkeit hergestellt werden kann, nur dann erscheint es möglich, dass individuelle Freiheit als Ergebnis kollektiver Anstrengungen realisiert werden kann.

In der agora trafen der oikos, der Haushalt und die Politik, die ekklesia als je eigenständiger Bereich aufeinander und es durfte nur artikuliert werden, was an den Haushaltsinteressen von öffentlichem Belang war und einer politischen Regulation zugeführt werden musste. Das Einverständnisses in die Bedeutsamkeit einer funktionierenden bürgerschaftlichen Öffentlichkeit ist in der Postmoderne verloren gegangen. Denn das Private hat den öffentlichen Raum okkupiert und schrittweise zerstört. Damit verweist Bauman darauf, dass das Verhältnis von Öffentlichem und Privatem in modernen Gesellschaften eine Umkehrung erfahren hat. War für moderne Gesellschaften noch das öffentliche Interesse das dominierende, so tritt in der Postmoderne eine Umkehrung ein, die das Private zu einem Gegenstand öffentlichen Interesses macht. Dadurch entstehen zwei Gefährdungslinien für die Realisierung der agora.

Einerseits kann die Trennlinie zwischen agora und ekklesia durchbrochen werden, indem sich totalitäre Tendenzen des Staates über die Gesellschaft und damit über die agora legen. Andererseits können die Interessen des oikos über die Interessen der agora dominieren und die agora zu einem Spielball der Artikulation privater Interessen werden lassen. „Die eine Form des Angriffs besteht in der totalitären Tendenz, die tief in das Projekt der Moderne eingelassen ist" ([1999] 2000: 129). Während die andere Gefahr in der Auflösung der Grenzziehung zwischen agora und oikos besteht, weil die agora ein „Niemandsland" geworden ist, in die jeder eindringen kann, „der Lust hat einzumarschieren." ([1999] 2000: 143) Die totalitäre Tendenz kann auch aus Baumans Überlegungen zum Holocaust abgeleitet werden. Denn es ist die Unterwerfung der Gesellschaft unter den Staat, die den Holocaust ermöglichte.

In der Postmoderne ist vor allem die zweite Trennlinie die bedeutsame. Anhand vieler Beispiele, die von Big Brother bis zur Rekonstruktion einzelner Elemente aus Talkshows reichen, wird gezeigt, dass die Konstitution einer agora in der Postmoderne vor allem darunter leiden, dass die Grenze von oikos zur agora einseitig vom oikos aus durchbrochen wird. Damit werden private Interessen und private Fragestellungen zu Gegenständen des Öffentlichen gemacht und die Öffentlichkeit verliert ihre Bedeutung für die Regulation des bürgerschaftlichen Zusammenlebens.

Dieser eher pessimistische Schluss scheint angesichts der früheren Überlegungen von Bauman zu einer Soziologie der Postmoderne, in der er Konzepte vorgeschlagen hat, wie die neue Ordnung zu analysieren sei, nicht angemessen. Denn diese neuen Konzepte von Gesellschaftlichkeit und Selbstbildung enthalten politische Implikationen, die er bislang in dieser Form noch nicht ausbuchstabiert hat. Er konzentriert sein Denken sehr stark auf die Möglichkeiten einer agora, ohne jedoch andere Formen politischer Integration und politischer Artikulation mitzubedenken. Neuere Analysen können aber zeigen, dass selbst in der von Bauman abgelehnten Form der Lebensstilpolitik Elemente enthalten sind, die eine politische Artikulation im öffentlichen Raum erzeugen. So kann man etwa der Studie von Berking/Neckel (1990) entnehmen, dass eine hochprivatisierte autonome und individualisierte Lebensform Keime eines politischen Engagements in sich trägt. Denn sie dient als Rückgrat für Gemeinschaftsbildungsprozesse, die sich politisch artikulieren, um ihren Lebensraum und ihre Lebensweise zu erhalten.

Angesichts einer so deprimierenden Diagnose des Raums der politischen Öffentlichkeit in der Postmoderne ist die Frage nahe liegend, und Bauman stellt sie explizit: Welche Möglichkeiten denn zur Reaktivierung des ursprünglichen

Sinns und des ursprünglichen Funktionszusammenhangs der agora existieren? Seine bereits erwähnte Antwort besteht im erneuten Rückgriff auf die Idee des staatlich garantierten Grundeinkommens, so wie sie von Thomas Paine aufgeworfen und später in Arbeiten von Claus Offe, Ilona Ostner und Klaus Mückenberger (1991; 1996) ausgearbeitet wurde. Ein staatlich garantiertes Grundeinkommen hat für Bauman zweierlei Funktionen, die Abhängigkeit des Arbeitseinkommens vom Verkauf der Ware Arbeitskraft zu lösen und zur Wiederbelebung der agora beizutragen, weil dann das Recht auf politische Teilnahme ebenfalls vom Arbeitseinkommen entkoppelt wird.

In dieser Skizze der Politik unter postmodernen Bedingungen fällt vor allem auf, dass die Diskussion fokussiert ist auf die Spannung von Privatem und Öffentlichem und der Suche nach einer vermittelnden Instanz zwischen beiden. Seine Diagnose steht ihm Gegensatz zur Diagnose von Jürgen Habermas, der die Kolonialisierung der Lebenswelt durch systemische Imperative befürchtet und daraus ableitet, dass das kommunikative Rationalitätspotential der Lebenswelt aufgezehrt ersetzt wird. Die Diagnose von Bauman zielt in die entgegengesetzte Richtung. Nicht nur, dass er nicht von kommunikativen Rationalitätspotentialen ausgeht, sondern er befürchtet, dass die Lebenswelt den notwendigen öffentlichen Raum zerstört. Beide Diagnosen sind miteinander unverträglich.

Zum Zweiten ist anzumerken, dass der Rückgriff auf das Konzept der agora zeigt, dass der Kommunitarismus in seinen elaborierten Varianten etwa bei Alan Wolfe (1989) oder Amitai Etzioni ([1996] 1997) ein gedanklicher Anreger und zugleich ein Abgrenzungspol für Bauman ist. Wenn man sich etwa die Analysen von Wolfe (1989) ansieht, so wird man feststellen, dass dort in Form eines Dreiecks rekonstruiert wird, wie das Verhältnis von Markt, Staat und Gesellschaft/Gemeinschaft im Idealfall gestaltet sein sollte. Auch hier werden zwei verschiedene störende Einflüsse auf die Konstitution der bürgerschaftlichen Gesellschaft/Gemeinschaft analysiert. Allerdings werden sie nicht analysiert unter dem Fokus der Differenz von Privatem und Öffentlichem, sondern unter dem Fokus von Markt und Staat als Gefährdungen einer bürgerschaftlichen Öffentlichkeit.

Die Interpretation von oikos und ekklesia unterscheiden sich zwischen Wolfe und Bauman. Die ekklesia ist für Wolfe der Staat und der oikos ist der Markt, während das bürgerschaftliche Engagement, wie bei Bauman auch, in der agora aufzufinden ist. Bauman führt jedoch eine andere Interpretation von oikos und ekklesia ein. Ekklesia ist für ihn der Bereich der Politik, aber nicht zwingend der Bereich staatlicher Politik und der oikos ist für ihn nicht der Markt, sondern der individuelle Haushalt. Das ist die Unterscheidungslinie zwischen Baumans Analysen postmoderner Politik und der kommunitaristischen Analyse der Möglichkeiten bürgerschaftlicher Politik. Die Frage, die hier offen bleiben muss ist jedoch, welche der beiden Interpretationen des Verhältnisses von oikos, agora und ekklesia eine zutreffende Rekonstruktion des antiken Modells darstellt. Im Rückgriff auf dieses Modell zeigt sich in späteren Überlegungen eine Ähnlichkeit zwischen der kommunitaristischen Sozialtheorie und Baumans Analysen. Gemeinsam ist beiden die Orientierung am klassischen Modell der agora. Auch beklagen beide den Verfall dieses Modells. Und beide suchen nach Wegen, wie die agora neu belebt werden könnte. Unterschiedlich sind zuerst nur die sprachlichen Formulierungen. Bauman spricht in der Dreiergruppe von oikos, ekklesia und agora, während etwa Wolfe das gleiche mit den Begriffen Markt, Staat und Zivilgesellschaft anspricht.

Erst in den Konsequenzen zeigen sich die Differenzen zwischen kommunitaristischer Sozialtheorie und den Überlegungen von Bauman. Die kommunitaristische Sozialtheorie hat in der Tendenz, nicht bei allen Autoren, eine starke Orientierung an der Verstärkung traditionaler Gemeinschaftsbindungen der Individuen. Bauman hingegen verweist darauf, dass die Reaktualisierung gemeinschaftlicher Vorstellungen von Gesellschaftlichem nicht möglich sei, weil eine Gemeinschaft in dem Moment zerstört sei, wo sie sich als Gemeinschaft bewusst würde. Zudem sind für ihn Gemeinschaften eine Rückkehr in die Fesseln moderner traditional geprägter Formen der sozialen Integration.

Allerdings ist diese Hinwendung zur Gemeinschaft, wie sie in postmodernen Gesellschaften zu finden ist, in den Augen von Bauman ein Irrweg, weil Gemeinschaft in dem Moment wo sie als Gemeinschaft erkannt wird, ihre Bedeutung verliert. Gemeinschaftssehnsucht ist ein fehlerhafter Reflex auf die Probleme postmodernen Lebens.

Aber der Aufbau einer agora wird nicht nur durch die verschwimmenden und sich verändernden Prioritäten zwischen dem Privaten und dem Öffentlichen erschwert, sondern vor allem auch durch Globalisierungsprozesse unterminiert. Globalisierungsprozesse, skizziert in *Globalization* (1998), führen zur Raum-Zeit-Kompression (Harvey) und zu einer Schwächung der Nationalstaaten, die ihr Versprechen auf Sicherheitsgewährung immer weniger einlösen können. Das zeigt sich vor allem daran, dass die Globalisierung zu einer Polarisierung der Erfahrungen und einer Zweiteilung der Bevölkerung führt. Einerseits diejenigen, die sich im Rahmen der Zeit-Raum-Kompression frei bewegen können, weil sie in der Lage sind, mit einem wachsenden Meer von Unordnung zurechtzukommen. Andererseits die, die mit diesem wachsenden Meer von Unordnung nicht mehr zurechtkommen. „To put it in a nutshell: rather than homogenizing the human condition, the technological annulment of temoral/spatial distances tends to polarize it." (1988: 18) Dies führt dazu, dass auch die Idee des Panoptikums, die ursprünglich moderne Kontrollform, durch die Idee des Synoptikums ersetzt wird. Aus der Situation der Wenigen, die Viele beobachten wird eine Situation, in der Viele Wenige beobachten. Aber diese Wenigen herrschen trotzdem noch, weil das Nachahmen der Wenigen durch die Vielen den Wenigen die Macht über die Handlungsweise der Vielen gibt. „The Panopticum forced people into the position where thy could be watched. The Synopticon needs no coercion – it seduces people into watching." (1998: 52)

Die Teilung der Erfahrung ist unter den Bedingungen der Globalisierung zugleich eine Differenzierung in zwei Formen sozialer Kontrolle und Integration: Verführung und Repression. Auch in der Postmoderne funktioniert Verführung als Mechanismus der Integration nur deshalb, weil, so Bauman unter Verweis auf Bourdieu, der Mechanismus der Repression jederzeit sichtbar ist. Postmoderne gesellschaftliche Organisation baut auf dem Doppelspiel von alten, bleibenden Resten einer panoptischen Struktur und der Hinzunahme synoptischer Kontroll- und Integrationsformen auf. Aufgrund der Teilung der Erfahrung tritt eine besondere Beschleunigung des sozialen Lebens ein. Denn Verführung, vor allem manifestiert in der Idee der Konsumgesellschaft und des Konsumparadigmas, bedeutet, dass die Suche nach neuen Bedürfnissen in den Vordergrund rückt. Es ist nicht die Bedürfnisbefriedigung, sondern es ist die stete sich beschleunigende Suche nach neuen Bedürfnissen, die die soziale Integration als Ganzes gewährleisten. Bauman zitiert zustimmend die Analysen von Mark C. Taylor und Esa Saarinen von 1994: „'desire does not desire satisfaction. To the contrary, desire desires desire.'" (1998: 83)

Unter diesen Bedingungen tritt, wie bereits Baudrillard ([1968] 1991) analysierte, eine Beschleunigung, eine Selbstverstärkung des Kreislaufs der Konsumgesellschaft ein, in der am Ende Konsum und Konsumchancen das einzige Movens der sozialen Realität sind. Vergesellschaftungszusammenhänge werden reduziert auf die Erzeugung neuer Bedürfnisbefriedigungsmöglichkeiten. Die Freisetzung des Individuums wird eine absolute und sie ist den Mechanismen der Verführung durch die Konsumgesellschaft unterworfen.

Vorläufig abgeschlossen werden Baumans politische Überlegungen mit *Society under Siege* (2002). Dort skizziert er einerseits noch mal das moderne Verhältnis von Staat, Moderne und Zwang. Er zeigt, wie der Nationalstaat als moderne Zwangsinstitution durch Globalisierung und Privatisierungs- und Individualisierungstendenzen so sehr unter Druck gerät, dass er nicht mehr in der Lage ist, der gesellschaftlichen Fragmentierung Einhalt zu bieten. Ursache hierfür ist, dass der Markt den Staat vorantreibt und tendenziell in seine Grenzen verweist. Dadurch wird die Autonomie des Staates unterminiert. Das Politische wird in life politics transformiert. Bauman spricht ihr allerdings nicht das emanzipatorische Potential der von Ulrich Beck (1996) oder Anthony Giddens (1991; vgl. zusammenfassend Berger 1995) skizzierten Politikvorstellung gleichen Namens zu.

Vielmehr liegt ihr eine reine Orientierung an Lebensstilen voraus, ohne dass politische Impulse entfaltet werden.

Damit knüpft er noch einmal an die Soziologie als bürgerschaftlich orientierte Wissenschaft an, aktualisiert erneut die Idee der agora. Am Ende stellt er jedoch zurückgreifend auf Hannah Arendt die resignierte Frage Gibt es einen Weg zurück zur agora? (2002: 50) Er skizziert sodann alle Hindernisse, die der neuerlichen Belebung der agora entgegenstehen. Er knüpft dabei erneut an die Analysen zu Big Brother und ähnlichen Medienerscheinungen an, um zu schließen, dass Gesellschaft unter postmoderner Flüchtigkeit sich aufzulösen droht. Es gebe außer der Hoffnung auf die agora keine Möglichkeit, moderne Staatlichkeit, moderne Gesellschaftlichkeit und moderne Individualität in postmoderner Staatlichkeit, Gesellschaftlichkeit und Individualität zu transformieren.

Diese Tendenzen wirken sich auf die Gestalt der Politik in der Flüchtigen Moderne aus. Denn Politik wird von einer kollektiven Aufgabe in eine private Aufgabe transformiert. Damit verliert sie ihre Rückbindung an die klassische Figur des Politischen, wie sie seit der Antike die gesellschaftliche Entwicklung dominierte. „To cut a long story short: if the pursuit of happiness is to result in happy individuals, it needs to be a collective task fort he heroes of the first story – but für he heroes of the second it is a private task through and through" (2004a: 132). Der Rückzug aus der Politik, das Desinteresse am Politischen wird zu einer gesellschaftlichen Option. Eine Option, die im Rahmen einer Lebensform vom Individuum gewählt werden kann. Oder auch nicht gewählt wird. Politik in der Moderne ist eine privatisierte, eine vom Einzelnen nur für sich zu erfüllende Aufgabe. Mit der Privatisierung der Politik schwindet die soziale Einbettung politischen Handelns.

Und doch hat Bauman noch eine Option gegen die Auflösung des Sozialen in der Hinterhand: Europa. Europa (2004a) erscheint ihm als ein bislang uneingelöstes Projekt, als ein Abenteuer, dessen Konturen noch nicht absehbar sind, das jedoch vor allem eines reaktualisiert: die Bedeutung einer soziale Belange aufnehmenden staatlichen Integrationsform. Die Idee Europas wird von ihm in Differenz zur Idee Amerikas markiert, indem auf die besondere Bedeutung des Sozialstaats in den europäischen Ländern hingewiesen wird. Europa wird, trotz aller politischen Irrtümer während seiner Realisierung, als Realisierung des Kantischen Wunsches nach einer weltbürgerlichen Gemeinschaft angesehen.

Inwiefern dieser Traum von Europa realisiert werden kann, ist offen. Anzumerken ist, dass die Einführung Europas als Rettungsidee für das Soziale im europäischen Maßstab unvermutet kommt. Wenn Bauman sich diesem Thema zuwendet, so ist nicht klar, ob es ystematisch in seine Überlegungen integriert werden kann. Zu vermuten ist, dass es nicht integriert werden kann. Denn es fehlt jede Begründung, wie eine europäische Gesellschaft in der Flüchtigen Moderne gedacht werden kann und soll. Europa' als ein historisches Projekt zu stärken ist ein wichtiges Anliegen. Die europäische Einigung hat bereits einige Schritte unternommen, um diesen Prozess voranzutreiben. Aber: Europa scheint keine Lösung für die sich aus der Flüchtigen Moderne ergebenden gesellschaftlichen Probleme. Allein deshalb nicht, weil es zwar gelang, einen einheitlichen Wirtschaftsraum zu etablieren. Aber einheitliche sozial- und arbeitsrechtliche Bedingungen wurden bislang nicht hergestellt. Europa scheint gegenwärtig zuerst eine politische Antwort auf ökonomische und machtpolitische Probleme. Es ist erst zuletzt eine Antwort auf Probleme des Vergesellschaftungsprozesses in Europa. Baumans Überlegungen sind hier nicht überzeugend. Aber sie verweisen darauf, dass es trotz der Beschleunigung von Vergesellschaftungsprozessen kollektive Akteure geben könnte, die dem Prozess der Flüchtigen Moderne eine Richtung geben könnten.

Tabelle 5:   Politik in Moderne und Postmoderne

	Moderne	*Postmoderne*
Gesellschaftstyp	Arbeitsgesellschaft	Konsumgesellschaft
Dominierender Subjekttyp	Soldat und Produzent	Spieler und Konsument
Kontrolle und Integration	Normen und Repressionen	Repression und Verführung
Politische Entscheidungen	Öffentlich	Privat
Politische Akteure	Kollektive	Einzelne

Besondere Bedeutung für eine Soziologie der Postmoderne hat für Bauman neben der Analyse der Politik die Analyse postmoderner Lebensformen. Denn mit dem Machtverlust des Staates scheitern auch alle kollektiven Mechanismen der Ambivalenzvermeidung. Folglich sind Ambivalenzen in der individuellen Lebensführung zu bewältigen. Eine Typologie von Lebensformen veranschaulicht dann die Gesellschaftsdiagnosen. Kontrastiert man diese Typologie zudem mit einer sozialhistorisch älteren, dann erhält man Aufschluss über die Veränderungen von Vergesellschaftungszusammenhängen.

    Im Folgenden wird dies an Hand einer verdeutlichenden Gegenüberstellung von Simmels und Baumans Typologien von Lebensstilen und -formen ausgeführt. Simmel war zeit seines Lebens an der Frage interessiert, wie Individuen sozialkulturelle Verhältnisse bewältigen. Vor allem die *Philosophie des Geldes*

([1900] 1989) untersucht diese Problematik an der Wende zum 20. Jahrhundert. Diese ist gekennzeichnet durch eine Beschleunigung der Verstädterung, Demokratisierungsprozesse, die Ausbreitung industrieller Produktionsbedingungen und nicht zuletzt die Durchsetzung geldwirtschaftlicher Tauschbeziehungen in allen Bereichen der Gesellschaft.

Es ist vor allem der geldwirtschaftliche Verkehr, dem Simmel prägenden Einfluss auf die Lebensverhältnisse der Individuen zuspricht. Welche Merkmale weist dieser auf? Geldwirtschaftlicher Verkehr steht für Simmel für die Verlängerung von Interdependenzketten. Die Folgen sozialer Handlungen wirken über größere räumliche Distanzen hinweg, zugleich sind soziale Beziehungen dadurch lockerer und fokussierter. Fokussiert vor allem durch eine mit geldwirtschaftlichem Verkehr entstehende Eigenschaft des Menschen: er wird, so konstatiert Simmel in Überstimmung mit Ferdinand Tönnies und Max Weber, „rechenhafter" ([1900] 1989: 612). Alle Beziehungen und Tauschvorgänge reduzieren sich auf ihre Berechenbarkeit. Denn Tausch sucht Mittel für die Erreichung von Zwecken effizient einzusetzen.

Mit dem Begriff der Effizienz ist ein Rationalitätsprinzip gesetzt: Der Tauschende wählt unter alternativen Zwecken den, dessen Nutzenerwartung am höchsten ist. Das Mittel taucht hier nur als der Einsatz für den Tausch auf. Der Wert von Mitteln wird eingesetzt, um den Wert von Zwecken realisieren zu können. Dabei haben die Zwecke unter der Bedingung freien Tausches subjektiv einen mindestens äquivalenten, meist aber höheren Wert im Verhältnis zum eingesetzten Mittel, sonst würde der Tausch nicht vollzogen. Simmel gibt sich mit dieser Überlegung als Vertreter einer subjektiven Werttheorie – im Gegensatz zu einer objektiven, etwa von Karl Marx vertretenen an der Arbeitszeit für die Produktion orientierten, Werttheorie – zu erkennen (Flotow 1995). Die subjektive Werttheorie Simmels fußt auf der anthropologische Annahme, dass der Menschen ein „begehrendes" Wesen ist. Ein Wesen, das etwas will oder wünscht und dessen Begehren als Antrieb und Motiv wirksam ist, um sich Werte oder Wertvolles anzueignen.

Werten und Werte haben eine besondere Funktion für den Menschen, in ihnen realisiert sich die menschliche Natur. Und das Rationalitätsprinzip entspricht dieser menschlichen Natur. Denn Mittel und Zweck werden im Rationalitätsprinzip durch die Abwägung ihrer relativen Werte aufeinander bezogen. Es ist der Wert und das Werten, welcher das Rationalitätsprinzip wirksam werden lässt. Ohne ein Werten gelingt die Verbindung von Mittel und Zweck nicht. Der Wert ist das Vermittlungsglied zwischen Mittel und Zweck. Logisch gesprochen ist der Wert der Operator, der Mittel und Zweck funktional aufeinander bezieht.

Sozialgeschichtlich wird diese Bestimmung des Wertes und Wertens interessant, wenn Geld das Tauschmittel ist. Denn Geld hat in stärkerem Ausmaß als andere Tauschmittel einen bereits von Aristoteles gesehenen Doppelcharakter: Es ist sowohl Tauschmittel wie auch ein Wertgegenstand. Geld kann deshalb auch in tendenziell unbegrenzter Menge als Wertgegenstand angesammelt werden kann. Das Tauschmittel Geld kann also auch ein Zweck sein.

Ursprünglich wird Geld ausschließlich als Mittel eingesetzt. Geld dient zu etwas, der Aneignung von begehrten Gütern und Objekten, kurz: Der über Tausch ermöglichten Bedürfnisbefriedigung. Die Verwendung von Geld wird tendenziell dominiert durch seinen Wert als ein Mittel. Wenn sich aber mit der Durchsetzung geldwirtschaftlichen Verkehrs der Doppelcharakter des Geldes entfaltet, dann wird das Mittel Geld durch seine Einschätzung auch seines Wertes als Zweck mitbestimmt.

Dadurch wird die Wertbestimmung zwischen Mittel und alternativem Zweck komplizierter. Nun ist nicht mehr nur der relative Wert von Mittel und alternativen Zwecken zu bestimmen. Vielmehr ist jetzt auch der Zweckwert des Mittels im Verhältnis zu den Zwecken festzulegen, eine weitere Verhältnisbestimmung durchzuführen. Sobald Geld auch als Zweck, als Gegenstand des Begehrens erscheint, wird der Doppelcharakter des Geldes sozial folgenreich. Denn nun tritt der Wert des Mittels als Zweckwert mit dem Wert des Zweckes in Konkurrenz. Nun ist die Verhältnisbestimmung nicht mehr nur auf den relativen Wert von Mittel und Zweck bezogen, sondern zugleich auf den relativen Wert konkurrierender Zwecke.

Tabelle 6:   Typen der Mittel-Zweck-Abwägung

Einfache Mittel-Zweck-Abwägung	*Komplizierte Mittel-Zweck-Abwägung*
Zweck(e)	Zweck(e) + Zweckwert der Mittel
Mittel	Mittel

Dabei kann es nun geschehen, dass der Zweckwert des Mittels den Wert der Zwecke übertrifft und nicht mehr die Realisierung von Zwecken sondern der Zweckwerte von Mitteln die größte Nutzenerwartung hat. Simmel beschreibt in der *Philosophie des Geldes* wie sich die sozialkulturelle Bestimmung des Verhältnisses von Mittel und Zweck unter den Bedingungen geldwirtschaftlichen Verkehrs verändert. Seine These ist, dass sich in der Einschätzung des Geldes eine Transformation vollzogen hat: weg von Wertcharakter als Mittel, hin zum Wertcharakter als Zweck. Kurz: vom Mittelwert zum Zweckwert des Geldes.

Die Grundkonstruktion der Theorie ist: Ausgehend von der anthropologischen Annahme, dass der Mensch ein begehrendes Wesen ist, rückt die Bedeutung des Wertens in den Vordergrund. Es wird durch ein allgemeines Rationalitätsprinzip gesteuert, es stellt eine Theorie der Verhaltenssteuerung zur Verfügung. Diese allgemeine Theorie wird nun mit der sozialgeschichtlichen Beobachtung der Zunahme geldwirtschaftlichen Verkehrs und des sich stärker ausprägenden Doppelcharakters des Geldes verbunden. Der Doppelcharakter des Geldes wirkt auf die Verhaltenssteuerung durch das Rationalitätsprinzip zurück. Denn jetzt ist es nicht mehr das einfache Rationalitätsprinzip der Abwägung von Mittel und Zweck, sondern das kompliziertere der Abwägung von Mittel und Zweck und der gleichzeitigen Abwägung des Zweckwertes von Mitteln mit dem Zweck. Daraus ergibt sich die empirische Frage: Wie bewältigt das Individuum das kompliziertere Verhältnis von Mittel und Zweck?

Simmel sucht eine Antwort auf diese Frage mit Hilfe einer Analyse von typischen Lebensstilen. Sie sind in seinen Augen standardisierte Angebote zur individuellen Bewältigung gesellschaftlicher Verhältnisse. Angebote zur Verhaltenssteuerung. Konsequent richtet Simmel deshalb auch daran seine Lebensstiltypologie aus: Die Lebensstile Geiz, Verschwendung, Geldgier, asketische Armut, moderner Zynismus und Blasiertheit werden beschrieben, indem einerseits ihr jeweiliges Verhältnis zum grundlegenden Werten sowie andererseits zum Mittel- und Zweckwert des Geldes analysiert wird.

Wie werden die einzelnen Stile charakterisiert? Geiz ist nicht Sparsamkeit oder Knauserigkeit. Geiz ist Simmel vielmehr die Liebe zum Geld um des Geldes willen. Der Geizige verzichtet bewusst darauf, das Geld als Mittel zur Realisierung von Zwecken einzusetzen ([1900] 1989: 313). Es wird als ein „absolutes" Mittel betrachtet, welches eine unbegrenzte Zahl von Werten realisieren könnte. Darum hat Geld in diesem Falle für Simmel die Bedeutung von Macht: das Vermögen etwas tun, und dies mit Sicherheit tun zu können, weil Geldbesitz eine Option zur Zukunftsgestaltung ist. Zudem hat der geizige Umgang mit Geld eine psychologische Wirkung: der Besitz des Geldes als reiner Möglichkeit, reiner Potenz, verhindert die Enttäuschung nach der Realisierung eines begehrten Wertes, weil Wunsch und Wirklichkeit, so Simmel, niemals übereinstimmen. Dieser Lebensstil antwortet auf die neue Situation der Mittel-Zweck-Abwägung, indem er die mit Geld gegebene Potenz tendenziell zum Selbstzweck macht und den Sachwert realisierter Objekte als gleichgültig betrachtet ([1900] 1989: 320). Kurz: Sie vergessen tendenziell über den Wert des Mittels den Zweck, weil das Mittel des Geldes bereits in sich potentiell alle Zweckwerte enthält.

Als Gegensatz zu Geiz wird der verschwenderische Lebensstil vorgestellt. Dieser kann in zwei Unterformen auftreten: als Verschwendung von Sachwerten oder als Verschwendung von Geld ([1900] 1989: 322). Die Verschwendung von Sachwerten bedeutet dabei, dass Werte schlechthin vernichtet werden, während die Geldverschwendung den Wert des Geldes in unzweckmäßiger Weise umsetzt. Verschwendung antwortet auf den Konflikt zwischen dem Zweckwert von Mitteln und den Zwecken durch eine systematische Entwertung von Werten. Ohne Werte und Wertung kann aber die Relation von Mittel und Zweck nicht mehr bestimmt werden, weil ihr Verbindungsglied, der Wert, nicht mehr gegeben ist. Zurück bleiben wert- und bedeutungslose Mittel, weil sie nicht mehr durch eine Beziehung zu Zwecken bestimmt werden.

Den Lebensstilen Geiz und Verschwendung ist gemeinsam, dass sie den Genuss eines Begehrten ablehnen ([1900] 1989: 326) und damit eine Wertbemessung vermeiden. Dadurch wird der Zusammenhang von Mittel und Zweck aufgebrochen: beim Geiz durch die Fokussierung auf den Wert des Geldmittels, bei der Verschwendung durch die Entwertung des Mittels.

Der nächste Lebensstil, die Geldgier, ist nur oberflächlich betrachtet Geiz, denn Geiz spart Geld auf, hält es zurück. Demgegenüber sucht Geldgier Geld aktiv auf: Geldgier steigert das Interesse an der im Geld manifestierten Potenz ins Absolute, denn der Möglichkeitsraum für Genuss und Begehrtes geht ins „Unendliche" ([1900] 1989: 324). Dem gemäß ist Geldgier eine Steigerungsform von Geiz, die eine neue Qualität darstellt: Der Geldbesitz ist nun einziger Selbstzweck, nicht mehr nur tendenziell wie beim Geiz, sondern absolut.

Die asketische Armut nimmt in der Reaktion auf den Wertcharakter des Geldmittels eine Position ein, die von außerhalb der geldbestimmten Mittel-Zweck-Relation diese aufbricht. Denn ihr gilt, idealtypisch sieht Simmel hier den buddhistischen Mönch, nicht das Geld, sondern das „Heil der Seele" ([1900] 1989: 329) als Endzweck. Dieser kann nur erreicht werden, wenn der einheitliche Wert des Geldes als Verweis auf die Vielfalt von Werten in der Welt – eben nicht in der Seele – abgelehnt wird. Die Bewältigung geldwirtschaftlichen Verkehrs geschieht also, indem auf Mittel überhaupt verzichtet wird. Nicht Entwertung von Mitteln wie in der Verschwendung, oder Konzentration auf den Wert des Mittels im Geiz, sondern Verzicht – die Aufhebung der Bedeutsamkeit geldwirtschaftlichen Mittel-Zweck-Denkens überhaupt.

Noch radikaler im Umgang mit der Problematik von Wert in der Mittel-Zweck-Reihe sind schließlich die Lebensstile des Zynismus und der Blasiertheit. Der Zyniker reagiert, indem er die Wertunterschiede, die Differenz zwischen dem Wertvollen und dem weniger Wertvollen nach unten, zum weniger Wertvollen hin nivelliert. Kurz: Die Werte herabmindert, so dass am Ende alle Werte gleich und Wert als Illusion erscheint. Ihm wird die Abwertung von Werten zum Zweck, was noch dem asketischen Armen ein Mittel zur Erreichung des Zwecks des Seelenheils war. Hier sind nicht mehr Werte innerhalb der Mittel-Zweck-Relation betroffen, vielmehr das Werten schlechthin, die Grundlage für den Aufbau einer Mittel-Zweck-Relation wird zerstört.

Der Blasierte hingegen schließt zwar an die Bewegung der Abwertung an, er führt sie jedoch anders als der Zyniker aus. Dem Blasierten bedeutet die Verschiedenartigkeit der Werte von Zwecken nichts mehr. Ihm ist das unterscheidende Wertempfinden „abgestorben" ([1900] 1989: 334), so dass nichts mehr eine Reaktion in ihm hervorruft. Ihm verlieren sich alle Wertunterschiede in bedeutungsloser „Indifferenz" ([1900] 1989: 335). Kurz: Der Blasierte entzieht der Mittel-Zweck-Relation ihr Verbindungsstück – den Wert. Nur scheinbar ähnelt Blasiertheit der Verschwendung. Der Unterschied liegt darin, dass Verschwendung den Wert des Geldes entwertet, während der Blasierte Wert und das Werten schlechthin, allgemein entwertet.

Den Lebensstilen des Zynismus und der Blasiertheit ist gemeinsam, dass sie das Fundament der Bestimmung von Mittel und Zweck, die Wertsetzung als grundlegendem Vorgang zur Auswahl von Begehrtem angreifen. Denn ohne Wertsetzung ist eine Bestimmung von Mittel und Zweck nicht mehr möglich. In beiden Lebensstilen kumuliert die Antwort auf das geldwirtschaftlich dominierte Mittel-Zweck-Verhältnis in einem Angriff, im Falle des Zynismus, oder einer Abwehr, im blasierten Lebensstil, der dieser Bestimmung vorausliegenden Wertungen. Knapp: Werte werden Unwerte.

Die Typologie Simmels ist erkennbar keine logisch konstruierte Typologie. Denn wenn sie eine korrekt entwickelte Typologie wäre, dann müsste sie, weil es 3 Merkmale mit je 3, 4 und 5 Merkmalsausprägungen gibt, insgesamt 60 Typen geben. Aber man kann sagen, es ging Simmel nicht um eine vollständige Typologie, sondern nur um die Skizze bedeutsamer realer Typen, also ist die Vollständigkeit der Typologie kein angemessenes Beurteilungskriterium. Bedeutsamer ist aber die dahinter stehende Theorie der Kultur von Mittel und Zweck. Denn die Idee, dass Lebensstile auf die durch den Doppelcharakter des Geldes hervorgerufene Veränderung des Rationalitätsprinzips mit einer neuen Verhaltenssteuerung reagieren, verbindet eine theoretische Aussage mit empirischen Beobachtungen.

Er verweist in Übereinstimmung mit der anthropologischen Annahme des Menschen als ein begehrendes Wesen und dem allgemeinen Rationalitätsprinzip erstens auf die Zentralität des Wertens im Vergesellschaftungsprozess. Er weist darüber hinausgehend auf, dass Geldverkehr die Praxis des Wertens grundlegend verändert. Daraus ergibt sich drittens eine Veränderung der Einschätzung des allgemeinen Rationalitätsprinzips in der Mittel-Zweck-Bestimmung. Denn allen von Simmel rekonstruierten Lebensstilen ist gemeinsam, dass sie ihr Verhalten nicht mehr auf der Grundlage des allgemeinen Rationalitätsprinzips steuern. Vielmehr heben sie dies dadurch auf, dass sie entweder den Zweckwert des Mittels Geld absolut setzen und dadurch eine Bestimmung des Mittel-Zweck-Verhältnisses unmöglich werden lassen. Oder aber sie entziehen der Mittel-

Zweck-Bestimmung ihren Operator, den Wert, und lassen sie so ins Leere laufen. Schließt man direkt an Simmels Lebensstilanalyse an, dann kann sie auch gelesen werden als eine empirische Kritik an der Wert-Erwartungstheorie. Denn wenn Werte als Operatoren zur Bestimmung des Nutz- oder Zweckwertes wie in den Typen des Zynismus oder der Blasiertheit nicht mehr zur Verfügung stehen, dann kann eine Wert-Erwartungstheorie nicht mehr angewandt werden. Der Handlungserklärung in der Rational-Choice-Theorie fehlt, schließt man an die Lebensstilanalyse Simmels an, das Bindeglied zwischen der Logik der Situation und der Logik der Aggregation: die Logik der Selektion.

Vor der Folie dieser Rekonstruktion wird sofort sichtbar, dass alle Typen eine Gemeinsamkeit haben, die sich zu einem Metatyp verdichten: die Abweisung eines Denkens und Handelns im Rahmen einer (geld-)wertvermittelten Mittel-Zweck-Relation. Von einer besonderen Gruppe von Menschen – die vermutlich einen kleinen Ausschnitt aus einer bürgerlichen Oberschicht darstellt – wird das grundlegende sozialkulturelle Muster einer Orientierung im Rahmen geldwirtschaftlichen Mittel-Zweck-Relationen abgelehnt.

Wie sieht nun Baumans rund 100 Jahre später entwickelte Typologie postmoderner Lebensstile aus ([1995] 1997)? Bauman knüpft an Simmels Diskussion von Lebensstilen an. Auch ihm geht es um eine Kennzeichnung ihres wesentlichen Merkmals. Die Kontrastfolie von Baumans Überlegungen zu postmodernen Lebensstilen, auch „Lebensstrategien" ([1995] 1997: 151) genannt, ist der Pilger. Er ist die klassische Figur, in der die Moderne sich nach Bauman bündeln lässt. Der Pilger ist ein Wandernder auf der Suche nach einer in der Zukunft liegenden Identität. Seine Handlungsmaxime ist der beständige Ortswechsel, um sich selbst als Identität erfinden zu können ([1995] 1997: 136). Dabei bleiben die bisherigen und zukünftigen Bewegungen Fixpunkte der Orientierung im Versuch der Realisierung der Identität als ein Projekt ([1995] 1997: 141). Das lässt sich durch seine Ziele beschreiben. Es ist erfolgreich nur möglich, wenn die Ziele festgelegt sind. Bereits die Alltagserfahrung lehrt, dass Projekte ohne Festlegung scheitern, deshalb sind bindende Zielsetzungen notwendig.

Aber: Wer sich festlegt, der schließt andere Möglichkeiten aus. Der Begleiter postmodernen Lebens, angesichts fast unbegrenzter Möglichkeiten der Orientierung, ist der beständige Zweifel: Wäre nicht eine andere Möglichkeit reizvoller oder besser gewesen? Aus diesem Zweifel resultiert nach Bauman die Besonderheit postmoderner Lebensstile: Eine Haltung, die in der Vermeidung einer Festlegung die Möglichkeit sieht, jede Chance ausprobieren zu können. Aber nur kurz, denn die nächste Chance wartet schon. Wie manifestiert sich diese Haltung, die darauf zielt, alle Erfahrungen fragmentarisch und episodisch sein zu lassen, in Lebensstilen? Oder in seinen Worten: Welche Lebensstrategien der Vermeidung von Festlegung gibt es?

Vier Typen hat Bauman entwickelt, um postmodernen Lebensstile der Vermeidung von Festlegung zu skizzieren: Spaziergänger, Vagabund, Tourist und Spieler. Der Spaziergänger wiederholt die Pilgerreise, allerdings nicht als Ernstsituation, sondern als Spiel. Ein Ziel muss nicht entworfen werden, vielmehr bedeutet Spazieren, den jederzeit möglichen Richtungswechsel zu praktizieren. Die Festlegung der Wegstrecke folgt der Willkür spontaner Entscheidungen an Kreuzungen. Dadurch wirft das Spazieren weder Kosten auf noch hat es Folgen. Das Leben des Spaziergängers lebt dieses als Aneinanderreihung von Episoden, in denen soziale Beziehungen dem Modell der „Vergegnung" ([1995] 1997: 150) folgen. Vergegnung steht im Gegensatz zu Begegnung. In der Begegnung treffen sich Personen in der sozialen Beziehung und entkleiden sich ihrer Rolle, ihrer Maske, um sich von Antlitz zu Antlitz wahrzunehmen. Vergegnung vermeidet diese Erfahrung.

Auch der Vagabund stellt einen Wanderer dar. Anders als der Pilger hat er wie der Spaziergänger „kein festes Ziel" ([1995] 1997: 154), seine Bewegungen lassen sich nicht wie die des Pilgers voraussagen. Aber bleibt der Spaziergänger den sozialen Situationen außen vor, weil er sie nur betrachtet, so bleibt der Vagabund ein „Fremder". Dies zwingt ihn zu beständigem Wechsel der Orte und sozialen Situationen, weil er nirgends ansässig werden kann. Der Vagabund ist unterwegs, weil es für ihn keinen „heimatlichen" Ort mehr gibt. Auf seinem Weg der Unstetigkeit wird er fortdauernd zu weiterer Unstetigkeit gezwungen. Mit der Wahl der Ortlosigkeit als Lebensmaxime wird „Unzugehörigkeit" ([1995] 1997: 155) zum Dauerzustand.

Der Tourist ist in zweierlei Hinsicht das Gegenstück zum Vagabunden. Zuerst, der Vagabund wird durch die Situationen zu weiterer Bewegung gezwungen, hingegen bewegt sich der Tourist absichtlich ([1995] 1997: 156), er ist mit eigenem Wollen ausgestattet. Er sucht neue Erfahrungen auf, vor allem ästhetische Erfahrungen. Der Reiz, die Neuigkeit, die Kuriosität interessiert ihn. Und auch hier kommt es nicht zur Begegnung, vor allem nicht zu einer Auseinandersetzung mit der Realität der aufgesuchten sozialen Situation. Das Flüchtige bestimmt das Leben. Ein weiterer Unterschied zum Vagabunden ist, dass der Tourist im Gegensatz zu ihm ein Zuhause hat, in das er jederzeit zurückkehren kann. Obwohl unterwegs ist er nicht ortlos, heimatlos ([1995] 1997: 158). Dadurch hat er ein wirkliches Gesicht, welches sich auch in sozialen Begegnungen zeigen kann. Aber: So sehr der Tourist seine Heimat, seinen Herkunftsort beschwört, so sehr hat er auch Furcht vor der „Enge" der „Heimatgebundenheit" ([1995] 1997: 169).

Schließlich ist der Spieler zu nennen. Er bewegt sich in einer Welt der Risiken, jedes Spiel ist neu, folgt anderen Regeln und entscheidend: Kein Spiel darf Folgen haben, Einsätze sind deshalb vorsichtig zu kalkulieren, damit das Spiel nicht in die Zeit nach dem Spiel „überschwappt" ([1995] 1997: 161). Der Spieler vermeidet bewusst Situationen, die Folgen für die Zeit danach haben könnten. Folgenlosigkeit dominiert auch hier den Lebensstil.

Wie ist diese Typologie einzuschätzen? Ähnlich wie bei Simmels Typologie ist auch die von Bauman vorgeschlagene von eingeschränktem Wert in Hinblick auf die Vollständigkeit der aufgeführten Typen. Auch Bauman geht es wie Simmel vielmehr darum, wichtige Realtypen zu skizzieren. Und die gezeichneten Lebensstile verdichten sich wie bei Simmel zu einem Metatyp der Lebensstrategie, die „menschliche Beziehungen fragmentarisch und diskontinuierlich werden" lässt ([1995] 1997: 163). Knapp: die Lebensstrategie der Festlegungsvermeidung.

Ähnlich wie Simmel geht Bauman von einer, allerdings sehr weit gefassten, anthropologischen Annahme aus: Der Mensch ist ein auf eindeutige kulturelle Orientierung angewiesenes Wesen. Diese Orientierung manifestiert sich in einem Identitätsprinzip – der Mensch sucht seine Orientierung in der Entfaltung eines Identitätsprojekts zu realisieren. Dieses Identitätsprojekt benötigt vor allem eines: Festlegung auf ein bestimmtes Projekt, eine bestimmbare Identität. Die Annahme entspricht Simmels Überlegung zum Rationalitätsprinzip als Verhaltenssteuerung. Hinzu kommt nun die dritte, die sozialhistorische Situation aufgreifende und damit eine Kontextbedingungen für die weiteren Überlegungen zur Verfügung stellende Annahme: dass mit dem Übergang zur Postmoderne kulturelle Orientierungsangebote pluralisiert werden.

Daraus ergibt sich eine unerwartete Konsequenz. Kann man Simmels Analysen als eine Kritik am Rationalitätsprinzip etwa der Rational-Choice-Theorie lesen, so führen die Überlegungen Baumans zu der Annahme, dass unter postmodernen Bedingungen der Festlegungsvermeidung gerade dieses Rationalitätsprinzip bedeutsamer wird. Denn die noch bei Simmel durch den Doppelcharakter des Geldes gegebene Komplexität der Abwägung von Mittel und Zweck wird in den Überlegungen Baumans ersetzt durch die Zielsetzung: Herstellung von fragmentarischen und episodischen Beziehungen. Dann kann es, weil die Folgen keine Rolle mehr spielen sollen, nur eine Maxime der Abwägung geben: Maximiere deinen kurzfristigen Gewinn aus der Situation. Gerade die Vermeidung von Festlegung führt zu einer kurzfristigen Orientierung an der Maximierung der Nutzenerwartungen und kann demnach als eine sozialgeschichtliche Tendenz zur Realisierung der Prämissen der Wert-Erwartungstheorie verstanden werden.

Vergleicht man beide Typologien miteinander, dann erscheint Baumans Typologie als eine aufgrund sozialhistorischer Veränderungen notwendig gewordene Weiterentwicklung von Simmels Typologie. Stand bei Simmel im Vordergrund auf welche Weise Distanz zur gesellschaftlichen Praxis des Wertens geschaffen wird, so ist bei Bauman in den Vordergrund gerückt, wie Festlegung – eine allgemeine Voraussetzung des Wertens – vermieden werden kann. Sozialgeschichtlich hat sich also beim Übergang von Moderne zur Postmoderne Distanz zum Werten in die Vermeidung der Grundlagen des Wertens transformiert.

Tabelle 7:   Die Lebensstilanalysen von Simmel und Bauman

	Simmel	*Bauman*
Anthropologische Theorie	Begehren	Orientierung
Prinzip der Verhaltenssteuerung	Rationalitätsprinzip	Identitätsprinzip
Sozialhistorischer Kontext	zunehmender Geldverkehr (Moderne)	Pluralität von Orientierungen (Postmoderne)
Anpassung der Verhaltenssteuerung an den veränderten Kontext	Distanz zum Werten (Distanzprinzip)	Festlegungsvermeidung (Vermeidungsprinzip)

Distanzprinzip und Vermeidungsprinzip sind typische Reaktionen der Verhaltenssteuerung auf jeweils mit Moderne und Postmoderne verbundenes spezifisches Unbehagen. Die von Bauman geführte Diskussion über das Unbehagen in der Moderne und in der Postmoderne geht zurück auf eine Arbeit Freuds ([1930] 1993) über *Das Unbehagen in der Kultur.* In dieser wird festgehalten „Auch wenn wir sie mit der Frage fortsetzen, warum es für die Menschen so schwer ist, glücklich zu werden, scheint die Aussicht, Neues zu erfahren, nicht viel größer. Wir haben die Antwort bereits gegeben, indem wir auf die drei Quellen hinweisen, aus denen unser Leiden kommt: Die Übermacht der Natur, die Hinfälligkeit unseres eigenen Körpers und die Unzulänglichkeit der Einrichtungen, welche die Beziehungen der Menschen zueinander in Familie, Staat und Gesellschaft regeln." ([1930] 1993: 52) Mit dieser Formulierung verweist Freud darauf, dass es ihm nicht um ein spezifisches Unbehagen an der Moderne oder an der Postmoderne geht, sondern um das generelle Unbehagen an der Kultur als der einzigen Form in der sich der Mensch entäußern kann.

Die Fruchtbarkeit der Analysen Baumans liegt darin, dass er die allgemeine Diagnose eines generellen Unbehagens in der Kultur aus der kulturtheoretischen Allgemeinheit herauslöst und fragt: Welche besondere Seite der drei Quellen des Leidens, die Freud erwähnt, rückt in jeweiligen spezifischen historischen Konstellationen in den Vordergrund? Es reicht nicht aus, allgemein ein Leiden an der

Kultur festzustellen, weil Kultur das Glücksversprechen nicht hinreichend befriedigen kann. Vielmehr muss präzisierend nachgefragt werden: Welche Merkmale des Realitätsprinzips setzen welche spezifischen Forderungen des Lustprinzips außer Kraft? Die Differenz von Moderne und Postmoderne liegt in ihrer unterschiedlichen Ausrichtung innerhalb des Kontinuums von Freiheit und Sicherheit. Die Moderne gewährt Sicherheit und lässt Freiheit als Mangel erfahren. Demgegenüber offeriert die Postmoderne Freiheit unter Vernachlässigung von Sicherheit. Beide Situationen bereiten ein je spezifisches Unbehagen.

An dieser Stelle wird es interessant, noch einmal festzustellen, wie ähnlich die Diagnosen des Unbehagens an der Moderne, des Unbehagens an der Postmoderne mit der Paradoxie der Modernität in der kommunitaristischen Sozialtheorie sind. Alan Wolfe hält (1989: 3) fest, dass die Paradoxie der Moderne vor allem darin besteht, dass die Menschen einerseits einen immer größeren Möglichkeitsspielraum ihres Handelns erhalten und gleichzeitig andererseits auch das Ausmaß und die Anzahl der anerkannten Normen und moralischen Verhaltensregeln immer kleiner wird. Hier wird im Prinzip das gleiche formuliert, was Freud in der Differenz von Lustprinzip und Realitätsprinzip aktualisierte. Der Möglichkeitsraum scheint unbegrenzt zu wachsen, mit Freud gesprochen: Die Möglichkeiten zur Entfaltung des Lustprinzips wachsen. Und auf der anderen Seite werden die Limitationen der Handlungsorientierung immer geringer, das bedeutet, nochmals mit Freud: Das Realitätsprinzip kann sich immer weniger durchsetzen. Es ist diese Tendenz, die Bauman in seiner Parallelführung des Unbehagens in der Moderne und der Postmoderne artikuliert. Denn ersetzt man Wolfes Begriff der Möglichkeitsräume durch den Baumanschen der Freiheit und Normen durch Sicherheit, dann wird offensichtlich, dass beide Autoren gleiches zur Sprache bringen.

Exkurs: Ethisches Handeln in der Postmoderne

Mit der Entwicklung einer postmodernen Ethik nimmt Bauman die Auseinandersetzung mit der ethischen Maxime der Moderne auf. Er stellt die Diskussion von Anfang an in eine Perspektive, die davon ausgeht, dass wir unter postmodernen gesellschaftlichen Bedingungen leben, denn es geht um „moral problems which men and women living in a postmodern world face and struggle to resolve" ([1993] 1994: 1). Die Differenz zwischen Moderne und Postmoderne wird unter Rückgriff auf Max Webers Rationalisierungsthese konkretisiert.

Von Max Weber bleibt in Baumans Lesart der Widerspruch zurück, dass einerseits eine durchgängige ethisch gefärbte Rationalisierung den Modernisierungsprozess begleitet, aber andererseits die sozialen Beziehungen entmoralisiert werden. Max Webers These der Rationalisierung besteht aus zwei Teilthesen, Die eine These besagt, dass die soziale Welt im Zuge von Rationalisierungsprozessen in differente Wertsphären unterteilt wird und dass jedem dieser Wertsphären ein eigener Rationalitätsstandard genügt. Es wird jedoch keine moralische Wertsphäre ausdifferenziert (Luhmann 1989). Die andere These behauptet, dass alle gesellschaftlichen Bereiche moralisch durchdrungen sind, weil in allen gesellschaftlichen Bereichen nach einer moralischen Maxime zu handeln sei. Zusammengefasst: „on the one hand, we learn that modernity began with the separation between the family household and the business enterprise ... On the other hand, we learn from Weber that the Protestant reformers turned, willynilly, into the pioneers of modern life precisely because they insisted that ‚honesty is the best policy', that life as a whole is charged with moral meaning, that whatever you do, in whatever area of life, matters morally" ([1993] 1994: 5). Bauman argumentiert, dass hier ein ernsthafter Widerspruch vorliegt und beansprucht, dass gerade dieser Widerspruch dazu geführt habe, dass die Moralität aus dem sozialen Leben verschwunden sei, weil sie in den ausdifferenzierten Wertsphären keine Rolle mehr spielen könne.

Der zweite, zumeist am Beispiel von Kants Moraltheorie explizierte, Anklagepunkt gegen die moderne Ethiktheorie ist, dass sie eine formale Ethik ist. Der kategorische Imperativ ist eine unbedingte Geltung fordernde Sollensvorschrift, die im Prinzip auf jede Situation im Zuge einer Subsumtion anwendbar sein soll. Dieser Anspruch ist nicht nur, wie auch die philosophische Diskussion zeigt (früh bereits Simmel [1913] 1987; Delius 1964; aus der Perspektive der Sittlichkeit die Diskussion in Kuhlmann (Hrsg.) 1986), selbstwidersprüchlich, sondern er ist vor allem, so Bauman, unter postmodernen Bedingungen unanwendbar. Denn eine formale Ethik wird der Komplexität der ethischen Entscheidungssituation nicht gerecht und zerstört das „eigentlich" Moralische.

Es ist hier nicht notwendig, die philosophischen Probleme des kategorischen Imperativs oder Baumans Rekonstruktion seiner inneren Logik zu diskutieren, weil diese Rekonstruktion nur als ein Kontrast dient, um das ethische Prinzip für die Bedingungen der Postmoderne zu entwickeln. Der logische Ausgangspunkt für Baumans Versuch, eine soziologische Theorie der Moral für die postmodernen Bedingungen zu entwickeln, ist die Zurückweisung der Idee einer regelgeleiteten Moral. Die Ethik der Alterität ist ein Spiegel, der sich im Zuge der Transformation zur Postmoderne ergebenden sozialen Bedingungen. Moralisches Handeln unter den Bedingungen der Postmoderne ist offen, brüchig, instabil und entspricht der ambivalenten Struktur der Gesellschaft, welche die Menschen von den Ordnungsansprüchen der Moderne befreit (Bauman 1994).

Der Hauptgegner, die moderne Moral, wird skizziert unter Verweis auf ihre Universalität und ihren Begründungsanspruch. Die Universalität bezeichnet die ausnahmslose Geltung des kategorischen Imperativs und die Begründbarkeit steht für die Erzwingungsmacht, die der Staat aufwendet, um dieser Regel in konkretisierter Form unbedingten Gehorsam zu verschaffen. „In the practice of the legislators, universality stood for the exceptionless rule of one set of laws on the territory over which their sovereignity extended." ([1993] 1994: 8)

Wenn die Kantische Moral unter postmodernen Bedingungen nicht mehr arbeiten kann, so ist Frage: Welches Fundamente muss eine Ethikkonzeption für die Postmoderne haben? Bauman beginnt bereits in der Einführung klar zu stellen, was die Grundprämissen seiner Ethik für die Postmoderne sind.

10. Sie muss davon ausgehen, dass der Mensch ein moralisch ambivalentes Wesen ist – „humans are morally ambivalent" ([1993] 1994: 10). Der vergesellschaftete Mensch ist nicht von vorne herein zu moralischem Handeln bereit. Er ist vielmehr „durchflutet" von einer Vielzahl gegensätzlicher Impulse, die der Doppelnatur des Menschen, seiner „ungeselligen Geselligkeit" (Kant [1783] 1983: A 392) geschuldet sind. Die Überformung des Menschen durch Sozialisationsprozesse ist niemals vollständig gelungen.

11. Moralische Phänomene sind nicht rational – „Moral phenomena are inherently ‚non-rational'" ([1993] 1994: 11). Diese ontische Aussage betrifft die „Natur" moralischer Sachverhalte. Sie ist für den weiteren Fortgang der Argumentation entscheidend. Denn Bauman insistierte damit darauf, dass ein Phänomen nicht erst durch seine Analyse und Beurteilung gemäß moralischen Standards ein moralisches Phänomen wird. Nein, vielmehr ist ein moralisches Phänomen vor jeder Perspektive auf dieses ein solches. Wird so argumentiert, dann haben moralische Phänomene einen objektiven Charakter, die von ihnen ausgehende Handlungsaufforderung ist zwingend.

12. Moralität ist unheilbar aporetisch – „Morality is uncurably aporetic." ([1993] 1994: 11). Auch diese ontische Behauptung nimmt für moralische Phänomene in Anspruch, dass diese aufgrund ihrer inneren Widersprüchlichkeit und paradoxalen Verfasstheit nicht unter rationale Standards der Beurteilung gebracht werden dürfen. Denn jeder Versuch dieser Art verfehlt etwas am moralischen Gesamtphänomen und reduziert es um seine moralische Qualität.

13. Moralität ist nicht universalisierbar – „Morality is not universalizable." ([1993] 1994: 12). Aus der vorhergehenden Prämisse ergibt sich diese weitere Prämisse. Denn aus aporetischen (begrifflichen und phänomenalen) Konstellationen kann kein allgemeingültiger, universalistischer Schluss gezogen werden.

14. Moralität verbleibt im Wesentlichen irrational – „morality is and is bound to remain irrational" ([1993] 1994: 13), sie lässt sich nicht durch rationale Motivation erzwingen. Die Gründe des Handelns erschließen sich einer rationalen Rekonstruktion nicht. Vielmehr ist eine Analyse der Moralität auf eine existenzialistische phänomenologische Beschreibung verwiesen, die Moralität in ihrer Opakheit aufweist.

15. Moralisches Handeln setzt moralische Verantwortung voraus und zwar bevor man mit dem Anderen sein kann – „moral responsibility – being fort he Other before one can be with the Other – is the first reality of the self, a starting point rather then a product of society." ([1993] 1994: 13) Mit dieser Prämisse wird die moralischer Beziehungen eingeführt und der herkömmliche Weg der Begründung moralischer Handlungsaufforderungen aus der Symmetrie der Intersubjektivität verlassen. Moralisches Handeln in diesem asymmetrischen Begründungszusammenhang ist eine Gabe. Keine Verpflichtung. Und: Aus dieser Gabe resultiert keine Verpflichtung zur Erwiderung.

16. Schließlich ist zu erwähnen, dass diese postmoderne Grundlegung einer Moral keinesfalls einen Relativismus der Moral impliziert – „the postmodern perspective on moral phenomena does not reveal the relativism of morality." ([1993] 1994: 14) Diese Prämisse ist dann einsichtig, wenn man, wie Bauman, unterstellt, dass die ontische Priorität der moralischen Aufforderung durch die Existenz des Anderen einen absoluten Charakter hat. Sie ist unhintergehbar, andernfalls wird der Andere verfehlt.

Diese Grundprämissen lassen sich an beliebigen Beispielen als plausibel erweisen. Moralische Entscheidungen sind in einer Weise komplex, dass sie kaum vollständig rational durchdrungen werden können. Sie beruhen auf Prämissen, die häufig unklar und verschwommen sind. Außerdem können moralische Dilemmata auftreten, deren Auflösung, selbst wenn sie handelnd aufgelöst werden, immer die Erinnerung an ihre ausgeschlossene Alternative offen lässt. Moralisches Entscheiden wird zudem dadurch schwierig, dass das moralische Handeln selber ambivalent ist, es spricht etwas für das moralische Handeln und gleichzeitig gibt es andere Aspekte, die gegen moralisches Handeln sprechen. Diese Beschreibung der faktischen Situation moralischen Handelns ist eine überzeugende Argumentation für die Zurückweisung einer formalen Ethik.

Was aber ist die Alternative? Welche Ethik entsteht, wenn man von dieser Beschreibung ausgeht? Unter Rückgriff auf Emmanuel Lévinas ([1980] 1987; [1982] 1992) entwickelt Bauman eine Alternative. Diese Ethik geht von der

Prämisse aus, dass die moralische Situation keine symmetrische Situation ist. Vielmehr wird die moralische Situation als eine asymmetrische Situation aufgefasst. Die Verantwortung liegt bei demjenigen, der durch den anderen mit seiner moralischen Verantwortung konfrontiert wird. Diese moralische Verantwortung wird in Form eines Appells geäußert. Dieser Appell ist nicht zwingend, aber, wenn er von Angesicht zu Angesicht geäußert wird, so hat er eine hohe moralische Kraft.

Diese Ethik, die das Moralische vom Anderen her denkt und nicht von einer reziproken und symmetrischen Situation zwischen Ego und Alter ausgeht, basiert darauf, dass der moralische Appell, der vom Anderen ausgeübt wird, im angesprochenen Individuum auf einen moralischen Impuls trifft. Dieser moralische Impuls hat keine Fundamente, er ist begründungsfrei, das ist der einzige Grund den er hat. „The moral self is also a self with no foundation. To be sure, it has its moral impulse as the ground on which to stand – but this is the only ground it has." ([1993] 1994: 62) Nun kann man über die Annahme eines natürlichen moralischen Impulses streiten. Nimmt man jedoch den Ausgangspunkt natürlichen Altruismus und ähnliche Beispiele, so kann man der Konzeption eines moralischen Impulses eine gewisse Überzeugungskraft zusprechen. Zu fragen ist gleichwohl, ob ein grundloser Grund ein ausreichendes Fundament ist, um Moralität und moralische Handlungsbereitschaft in Gesellschaften zu erzeugen (Lash 1996).

An dieser Stelle wird die postmoderne Ethik von Bauman noch einmal mit der Soziologie verkoppelt. Es wird im Folgenden nämlich gezeigt, dass Gesellschaft der Grund dafür ist, dass die Moralität in der Begegnung mit dem anderen nicht zum Tragen kommt. Denn Sozialisationsprozesse und der Dritte, das Hinzutreten der Gesellschaft, zerstören die moralische Zusammenkunft der zweien. Der Dritte, die Gesellschaft, zerstört den moralischen Impuls, unterwirft die Individuen Regeln, die verhindern, dass es zu einer Begegnung von Antlitz zu Antlitz kommt. Stattdessen dominieren in modernen Gesellschaften Begegnungen des Nebeneinander oder des Miteinander, aber keinesfalls Begegnungen von Antlitz zu Antlitz. „Now the pristine, naive togetherness of I and the Other has stopped being either pristine or naive." ([1993] 1994: 112)

Aus einem moralischen Impuls, der sich nur in einer unmittelbaren Begegnung von Antlitz zu Antlitz realisieren kann wird beim Hinzutreten des Dritten bereits eine gesellschaftliche Konstruktion aufgebaut, die auf Regeln basiert und über Gewaltverhältnisse die Regelkonformität erzwingt, die den moralischen Impuls zerstört. Moralität ist auch in der Postmoderne beständig gefährdet: durch die verbliebenen Reste moderner moralischer Regeln. Zudem ist die Basis dieser Moral ausgesprochen schwach, sie ist ein Appell. Ein Appell kann jedoch überhört werden, er hat keine bindende Macht. Er erzwingt die Moralität nicht. Eine solche Ethikkonzeption fragt nicht danach, warum wir wollen was wir sollen (Nunner-Winkler (1992). Sie will diese klassische moralsoziologische und -psychologische Frage nicht stellen, weil sie vielmehr die Fluchtstrategien zu beschreiben sucht, die verfügbar sind, um den moralischen Impuls oder auch der Begegnung von Antlitz zu Antlitz zu entgehen.

Mit diesen Fluchtstrategien wird nicht nur der Moralität und der Ambivalenz ethischen Handelns in der Postmoderne zu entfliehen versucht. Sondern sie sind vor allem auch Fluchtstrategien vor der Identität, die ein modernes Projekt war. Das moderne Projekt wird von Bauman mit dem Idealtypus des Pilgers beschrieben ([1995] 1997: 136-143). Diese Figur ist in der Postmoderne immer seltener anzutreffen. Stattdessen finden wir die von ihm aufgeführten Modelle des Vagabunden und des Touristen ebenso wie das des Flaneurs und des Spielers. Allen Typen ist gemeinsam, dass sie Begegnungen zu vermeiden suchen, um deren moralischer Aufforderung zu entkommen, wie auch um der Belastung einer Identität zu entgehen. Ein Aufeinandertreffen mit anderen bleibt episodenhaft und fragmentarisch. Ebenso: kurz, oberflächlich, nur scheinbar intensiv. Aus solchen Aufeinandertreffen kann keine Form Begegnung von Antlitz zu Antlitz werden. Diese Fluchtstrategien sind weit verbreitet. Sie führen dazu, dass das Fundament ethischen Handelns in der Postmoderne erodiert.

Diese unter Rückgriff auf Lévinas ([1980] 1987) geteilten Annahme, kehrt das Fundierungsverhältnis für moralisches Handeln um. Moralisches Handeln ist kein Austausch mehr, moralisches Handeln findet nicht mehr unter Gegebenheiten der Symmetrie statt. Moralisches Handeln ist vielmehr ein einseitiges Handeln, welches keinerlei Austausch konstituiert. Moralisches Handeln ist asymmetrisches Handeln. Mit dieser Annahme wird die für das Konstrukt sozialer Beziehungen so wichtige Annahme der Reziprozität und das für die Moralsoziologie Durkheimscher Prägung zentrale Postulat der Symmetrie aufgegeben.

Figuren, mit denen man sich dieses Modell handlungspraktisch verdeutlichen kann, liegen in der Diskussion um den Altruismus vor. Man kann den Beschreibungen von Bauman entnehmen, dass das von Lévinas entwickelte und von ihm ins Soziologische transformierte Modell starke Anleihen bei der Diskussion um altruistisches Verhalten genommen hat. Allerdings sind die philosophischen Wurzeln andere. Sie gehen im Prinzip zurück auf die Diskussion um die Ich-Du-Beziehung bei Martin Buber (1965) und bauen dieses Fundament im Rahmen einer existentialistischen Phänomenologie weiter aus. Sie sind geschult an Heidegger und überschreiten diesen zugleich, indem sie die Totalität des Seins auch als eine Totalität betrachten, die die ethische Dimension des Seins mit einbezieht.

Unabhängig jedoch von diesen eher philosophischen Fragestellungen besteht im Hinblick auf die postmoderne Ethik das Problem: Lässt sich die skizzierte Ethik noch soziologisch fassen? Nach meinem Eindruck ist das nicht mehr der Fall. Bauman hat mit diesem Versuch sein in *Culture as Praxis* angelegtes Fundament verlassen. Damit ist auch der Verlust der soziologischen Analysefähigkeit verbunden. Er beachtet nicht, dass Moral der Macht bedarf, um durchgesetzt zu werden (Junge 2003a). Er übergeht, dass moralisches Handeln Bestandteil einer gesellschaftlichen Praxis ist. Es regelt auch Zusammenhänge, die zu universalisieren sind, weil sie gesellschaftlich sind.

Auch die Annahme des moralischen Impulses als eines vorgesellschaftlichen Impulses ist mit Annahmen der Soziologie, wie sie insbesondere in der Moralsoziologie Durkheims vertreten werden, nicht vereinbar. Der moralische Impuls ist ein ungeordneter, spontaner, ambivalenter Impuls. Nichts garantiert, dass eine Person den Impuls während eines Handlungsablaufs realisieren kann. Der moralische Impuls in der moralischen Gesellschaft der Zwei fordert Ordnung aus einer Position außerhalb der sozialen Ordnung heraus, weil Gesellschaft, so Bauman, erst mit dem Dritten beginnt (1993: 112). Allerdings scheint Bauman Simmels Kategorie des Dritten zu überschätzen. Denn er konzipiert die Dyade als eine Relation außerhalb der Gesellschaft. Aber es ist darauf hinzuweisen, dass auch in Simmels Sinne Gesellschaft bereits durch die Interaktion zwischen zwei Personen konstituiert wird. Gesellschaft existiert bereits dann, wenn es zu einer dyadischen Interaktion kommt. So gesehen ist Baumans Ethik ein nichtsoziologischer Zugang zur Moral, weil sein Ansatz die Signifikanz des Konzepts der Interaktion in der Dyade nicht aufnehmen kann.

Darüber hinaus ist Moralität für Bauman vorsozial und innerhalb der Gesellschaft finden wir nur Sozialisationsprozesse, welche die eingeborenen Kapazitäten des moralischen Impulses zerstören (vgl. 1993: 143). Wahre Moral besteht nur vor und außerhalb der Gesellschaft. Aber weil Moral kein Teil der Gesellschaft ist, schließt moralisches Handeln die Wechselseitigkeit sozialer Beziehungen nicht ein. Folglich verfehlt eine solches Handeln Max Webers grundlegende Definition der sozialen Beziehung als ein sinnhaft „aufeinander gegenseitig eingestelltes" Sichverhalten (Weber [1922] 1985: 13). Dieses Merkmal fehlt in Baumans Beschreibung der moralischen „Beziehung". Die Orientierungen der Akteure sind nicht wechselseitig aufeinander bezogen, weil der Andere kein Teil der sozialen Beziehung ist. Das moralische Handeln muss den Anderen nicht berücksichtigen, weil nur eine Seite den Anderen in Rechnung stellen muss, aber dieser nicht aufgefordert ist, dasselbe zu tun. Kurz: die wahre Natur der Moralität liegt außerhalb der Gesellschaft. Damit liegt sie außerhalb des soziologisch Erfassbaren.

Die moralische Situation, und es scheint, dass noch nicht einmal dieser Begriff angemessen ist, wird durch eine Haltung erzeugt: Vor-dem-Anderen zu sein, nicht Mit-dem-Anderen zu sein. Der Begriff moralische Situation scheint unangemessen zu sein, weil das moralische Handeln einer Person, welches ihre Verantwortlichkeit aufgreift keine Situation mit wechselseitigen Verpflichtungen, gemeinsamen Ideen über Gutes und Böses, geteilte normative Standards oder Reziprozität konstituiert. Vielmehr ist das moralische Handeln ein freiwilliges Geschenk, gegeben ohne die Erwartung und ohne die Verpflichtung für den Anderen zu reagieren. So erreicht man das entscheidende Merkmal einer postmodernen Ethik im Sinne Baumans: „Haltung vor der Beziehung, Einseitigkeit keine Reziprozität, eine Beziehung, die nicht umgekehrt werden kann. Das sind die unverzichtbaren definierenden Merkmale des moralischen Standpunkts" (1993: 48).

In diesem Sinne ist zu erwägen, ob man nicht eine Soziologisierung der Diskussion von Bauman versuchen sollte. Eine solche Soziologisierung der Diskussion könnte noch einmal anschließen an seine Rekonstruktion der Handlungsbedingungen für Moralität in postmodernen Gesellschaften. Dabei müsste man jedoch zu einer zweigleisigen Fundierung der Moral übergehen. Dann spricht nichts gegen die Annahme eines moralischen Impulses. Denn dieser wird in einer solchen Konzeption ergänzt durch mit zwingender Gewalt ausgeübte gesellschaftliche Regulation für Situationen, in denen keine Begegnung von Antlitz zu Antlitz möglich ist. Diese zweigleisige Fundierung einer Moral in der Postmoderne würde es erlauben, auch die Gleichzeitigkeit von Moderne und Postmoderne innerhalb der Konzeption einer postmodernen Ethik zu berücksichtigen.

Die Frage ist: Kann man von einer Ethik der Alterität aus zu einer sozialethischen Position gelangen? Einen solchen Aufweis hat Lesch (1991: 185) versucht: „Durch die Gegenwart des Dritten wird die Asymmetrie der Ich-Du-Beziehung gestört, weil ich nun gezwungen bin, gerechte Maßstäbe an mein Sozialverhalten anzulegen, um meine unendliche Verantwortung für den anderen mit meinen endlichen Möglichkeiten zu realisieren." Mit dieser Argumentation wird die Grundfigur der Argumentation von Bauman über die ausschließliche Verortung der Moralität in der Diade aufgebrochen. Denn gezeigt wird, dass sich die moralischen Probleme sozialen Zusammenlebens anders stellen als die moralischen Probleme in der diadischen Situation.

Die Diade konfrontiert mit dem unendlichen Anforderungscharakter des Anderen. Diesem unendlichen Anforderungscharakter kann in einer diadischen Situation nur durch die vollkommene Unterwerfung unter den Anforderungscharakter gerecht geworden werden. Sobald jedoch ein Dritter hinzukommt, wird die moralische Situation transformiert in die Frage nach der gerechten Verteilung, nach der gerechten Reaktion auf die jeweils herangetragenen unendlichen Anforderungen. In der triadischen Situation erweist sich erst, ob jemand zur Erzeugung von gerechten Urteilen und gerechten Handlungsweisen in der Lage

ist. Und hier ist vor allem die Endlichkeit der menschlichen Existenz, die Endlichkeit menschlicher Ressourcen wie auch die Endlichkeit menschlicher Hand-
lungsmöglichkeiten zu berücksichtigen. Mit dem Übergang von der Diade zur
Triade kommt die Randbedingung ins Spiel, die das Problem der Alterität in ein
Gerechtigkeitsproblem transformiert: Endlichkeit.

Die diadische und triadische Situation werfen unterschiedliche Probleme
auf: Diaden stellen moralische Probleme, Triaden Gerechtigkeitsprobleme. Von
diesem Gesichtspunkt aus lässt sich zeigen, dass eine Ethik der Alterität möglicherweise eine gute Skizze für die diadische Situationen ist, dass jedoch ein
Umschalten in dem Moment verlangt wird, wo eine Triade und konkurrierende
Ansprüche vorliegen. Der Hauptunterschied zwischen Diade und Triade ist, dass
die Diade eine asymmetrische Relation skizziert, während die Triade die symmetrische Struktur sozialer Beziehungen in Anspruch nimmt. Aus diesem Grund
gibt es die Möglichkeit, den Baumanschen Entwurf einer postmodernen Ethik so
zu erweitern, dass er zwei verschiedene Möglichkeiten moralischen Handelns
enthält, die in je verschiedenen Konstellationen zur Anwendung gebracht werden
können. Dabei hat die Ethik der Alterität, die Ethik der Verantwortung in der
diadischen Situation die schwächste Fundierung, während die soziale Moral in
der triadischen Situation das stärker sozial abgesicherte Fundament in Sanktio-
nen und Normen bereithält.

Man hätte dann auch die Gelegenheit interne Widersprüche in den bislang
vorliegenden moralsoziologischen Konzeptionen zumindest soweit zu mildern,
dass an die Konstitution einer Moralsoziologie im engeren Sinne des Wortes
noch gedacht werden könnte. Denn Moralsoziologie beginnt mit der Feststellung, dass Moral gesellschaftlich verursacht ist. Sie erfasst damit jedoch nur den
einen Strang des Moralischen, den gesellschaftlich induzierten, und kann den
zweiten Strang, den eingeborenen moralischen Impuls, wie ihn Bauman diskutiert, nicht erfassen. D. h. es ist möglicherweise sinnvoll, beide Vorstellungen
einer Moralsoziologie und beide Vorstellungen einer modernen und einer postmodernen Ethik miteinander zu verbinden, weil sie sich scheinbar komplementär
zueinander verhalten.

Diese Komplementarität würde die jeweiligen Einseitigkeiten und Blindfle-
cken einer modernen Ethik, ihren Universalismus und Fundamentalismus beseitigen. Sie könnte auch den Relativismus einer postmodernen Ethik zu überwinden helfen, auch wenn Bauman selber davon überzeugt ist, dass eine postmoderne Ethik keinen Relativismus impliziert.

Beurteilt man Baumans moraltheoretischen Ansatz insgesamt, so ist festzuhalten, dass das grundlegende Problem von Baumans Zugang zur Moralität die
fehlende Konzeption von Reziprozität ist. Sie wird verursacht durch die Annahme eines solitären moralischen Handelns und gespiegelt wird sie im theoreti-

schen Solipsismus seiner Theorie der Moral. Baumans Zugang zur Moral verfehlt die Idee des sozialen Handelns, sozialer Beziehungen und sozialer Situationen.

Die Ethik der Alterität dreht im Verhältnis zur typischen Ethik der Moderne die Argumentationsfigur herum. Sie spricht nicht mehr von einem allgemeinen ethischen Gesetz, sondern davon, dass man sich der Forderungsstruktur, der individuell an einen herangetragenen ethischen Entscheidungssituation – und das heißt vor allem der ethischen Bedeutsamkeit des Anderen – bewusst werden muss, um eine ethische Entscheidung fällen zu können. Bauman skizziert eindringlich, wie schwierig diese Ethik der Verantwortung zu realisieren ist, weil sie über das Gesellschaftliche hinaus auf Wurzeln verweist, die vor der Gesellschaft liegen: auf einen ein- und angeborenen ethischen Impuls, der durch die gesetzgebende Vernunft zerstört zu werden droht. Die Skizzen einer postmodernen Ethik verlassen das soziologisch Sagbare. Zudem gibt Bauman hier seine Wurzeln in einer kulturalistischen Praxistheorie auf, weil er dem Faktor der Macht in der Erzeugung und Durchsetzung der Moral nicht mehr gerecht wird (Junge 2001).

Die Dreiergruppe von Büchern *Postmodern Ethics, Life in Fragments* und *Postmodernity and its Discontents* skizziert insgesamt, wie unter den Bedingungen der Postmoderne eine Ethik als eine Theorie des Moralischen entwickelt werden könnte. Sie grenzt sich von der modernen Vorstellung einer durch klare Strukturierung geschaffenen Ordnung auch des Ethischen ab, weil die Postmoderne vor allem gekennzeichnet ist durch eine Zunahme von Unordnung, die zu einer unmittelbaren Konfrontation mit Ambivalenz führt. Eine klassischen Ethik, wie sie in seinen Augen durch Kants kategorischen Imperativ repräsentiert wird, ist mit einer solchen Problemstellung überfordert. Die Ethik der Alterität ist vor allem eine Ethik der Anerkennung der Ambivalenz und eine Ethik der Anerkennung der moralischen Herausforderung der Existenz Anderer.

2. Flüchtige Moderne

Den ersten Ansatz zur Beschreibung einer auch sozialtheoretisch gehaltvollen Deutung der Gegenwart unter Verzicht auf das Konzept der Postmoderne bietet *Liquid Modernity* ([2000] 2003 dt.: Flüchtige Moderne). In ihr wird das Grundmerkmal gegenwärtiger gesellschaftlicher Ordnungen in ihrer Flüchtigkeit gesehen. Flüchtigkeit ist die „leading metaphor for the present stage of the modern era." (Bauman [2000]: 2; 2003: 8) Flüchtigkeit bedeutet, dass eine Ordnung, wenn überhaupt, nur noch in der Relation von Teilen und ihrer wechselseitigen Beweglichkeit aufgefunden werden kann.

Unter liquidity versteht Bauman allerdings nicht, wie seine Einführung des Terminus unter Verweis auf dessen Kennzeichnung in der Encyclopedia Britannica suggeriert, den Zustand von Wasser oder Ähnlichem. Vielmehr zielt er auf Flüchtigkeit wie die deutsche Übersetzung des Titels richtig andeutet. Denn die entstehenden sozialen Formationen sind vor allem durch ihre Unstetigkeit Existenz ausgezeichnet. Ihr „Modus" ist das Verdampfen.

Ob allerdings Ordnung dann noch das richtige Wort ist, muss geklärt werden. Dagegen spricht, dass Bauman selbst die Auflösung von Ordnung in den Mittelpunkt stellt. Beständig wird skizziert, wie es an den Rändern der letzten Reste der modernen Ordnung zum verzweifelten Kampf gegen ihren Verlust kommt. Andererseits aber scheint es auch so zu sein, dass Bauman eine neuartige Form der Ordnung zu beschreiben sucht, deren Hauptmerkmal ihre Flüchtigkeit, Instabilität und Fragilität ist.

Seine Perspektive hat insgesamt zum Prozess der Erzeugung einer beweglichen Ordnung gewechselt. Es tauchen zwei neue Merkmale in seiner Analyse von Ordnung auf: Bewegung und Prozess. Deshalb wird auch weiterhin von der Zentralität der Ordnungskonzeption in Baumans Denken ausgegangen. Es hat sich jedoch der Schwerpunkt der Befassung mit Ordnung verschoben: von der Ordnung zur Praxis des Ordnens (Junge 2003b; 2003c).

Ordnung kann, geht man von der Beschreibung in *Liquid Modernity* aus, nicht mehr als eine starre, feststehende Anordnung aufgefasst werden. Vielmehr scheint Bauman hier mit dem Begriff der Ordnung auf die Praxis des Ordnens zu verweisen. Flüchtige Moderne ist ein beständiger Prozess des Relationierens von Interessen, Bedürfnissen und Beziehungen, ohne dass eine längerfristige Stabilität erreicht wird. Dadurch rückt der Vorgang des Relationierens, des Anordnens als Grundlage für eine Ordnung in den Mittelpunkt. Flüchtigkeit resultiert aus der reinen Prozessualität des Anordnens, des Relationierens.

Die Flüchtige Moderne ist wie schon in den früheren Erörterungen geprägt durch ein postpanoptisches Stadium der gesellschaftlichen Kontrolle ([2000]: 11; 2003: 18). Insgesamt ist sie eine Vergesellschaftungsweise, die Sehnsucht nach Gemeinschaft erweckt, weil es ein typisches Unbehagen gibt, welches aus zu viel Freiheit und zu wenig Sicherheit entspringt.

Die Flüchtige Moderne ist vor allem dadurch gekennzeichnet, dass sie kein Ziel hat. Die Moderne hatte ein Ziel – dessen Nichterreichbarkeit sie zu einem „unabschließbaren" Projekt machte, die Flüchtige Moderne hingegen hat kein Ziel. Sie ist dezentralisiert und sie unterwirft das Individuum einer verschärften Privatisierung, denn Ziele werden „assigned to individual guts and stamina, and left to individuals' management and individually administered resources." ([2000]: 29; 2003: 40) Diese Privatisierung läuft mit der endgültigen Durchsetzung der Risikogesellschaft einher. Risiken werden weder staatlich noch kommunal eingebettet, es fehlen Einbettungsmechanismen für die Individuen angesichts der Bewältigung von Risiken ([2000]: 33; 2003: 45). Daraus ergibt sich eine ausgeprägte Individualisierung und Privatisierung von Risiken. Auch Risikobewältigung erzeugt dann keine kollektiv geteilten Lebensformen. Es droht zu einem massiven Verlust der Bürgerschaft zu kommen. Die Idee der agora, des bürgerschaftlichen Engagements im Zusammenhang von oikos und ekklesia gerät in Gefahr. Befürchtet wird von Bauman „the corrosion and slow disintegration of citizenship." ([2000]: 36; 2003: 48)

Parallel zu dieser Entwicklung führt Bauman nun die Unterscheidung von schwerem und leichtem Kapitalismus ein. Die Moderne ist gekennzeichnet durch einen schweren Kapitalismus, der etwa in der fordistischen Produktion und der Dominanz der Schwerindustrie zum Ausdruck kommt. Der leichte Kapitalismus hingegen hat auf postfordistische Produktionsformen umgestellt, Dienstleistungsproduktion in den Mittelpunkt gerückt und spricht auch den Konsumenten in an – als Wählenden und als Ressource, der Erzeugung von Wahlchancen.

Dadurch bekommt der Körper, die körperliche Fitness, einen anderen Stellenwert. Galt es in der Moderne noch, die Erzwingungsmacht des Kapitals über die Verfügungsmöglichkeiten über den Körper zu erringen, so ist der leichte Kapitalismus dazu übergegangen, die Verfügungsmöglichkeiten über den Körper den Arbeitern selber zu „überlassen". Das Ideal von Schönheit und körperlicher Fitness rückt in den Vordergrund. Das gilt sowohl für die Produktionssphäre wie auch für den Aufbau einer privaten Lebensform. Körperlichkeit wird transformiert in Fitness. Fitness unterwirft den Körper der Flüchtigkeit. Denn ein Körper lässt sich in einem relativ hohen Ausmaße flexibel manipulieren.

Auf diese Situation kann die Soziologie in den Augen Baumans nur reagieren, indem sie eine sozial engagierte kritische Soziologie in emanzipatorischer Absicht ist. Es ist für Bauman nicht mehr möglich anzunehmen, dass die Soziologie in neutraler Distanz zu den Veränderungen der Vergesellschaftungsweise steht, sondern Soziologie ist das Potential zur kritischen und engagierten Stellungnahme und der Versuch zum Eingreifen in die Vergesellschaftungsweisen, um vor allem die Probleme einer Privatisierung und die Probleme der Zerstörung einer bürgerschaftlichen Öffentlichkeit in Angriff zu nehmen.

Die bereits in *Liquid Modernity* angedeutete Privatisierung wird in der *Individualized Society* (2001b) weiter ausbuchstabiert. Hier geht es darum darzustellen, dass es vor allem globale Eliten sind, die über „the ‚confidence to dwell in disorder' and the ability to ‚flourish in the midst of dislocation'" (2001b: 38) verfügen.

Diese Diagnose entspricht in etwa der von Sennett aus *Der flexible Mensch* (1998). Auch hier geht es darum, sich den Umständen situativ anpassen zu können, sich als Knotenpunkt in einem Netz zu verstehen, der sich jederzeit im Netz

fortbewegen kann und dadurch seine Position relativ zu anderen Positionen verändern kann. Auf diese Weise entsteht die Mobilität von individualisierten Gesellschaften. Mittlerweile ist sie im Zuge der Globalisierung als eine weltgesell-
schaftliche Mobilität aufzufassen, in der Mobilität und Motilität (die Voraussetzung von Mobilität (vgl. Urry 2000)) das soziale Leben ermöglichen. Allerdings
wächst die soziale Kluft zwischen den Bevölkerungsgruppen. Die Zahl der Armen und das Ausmaß der Armut nehmen weiterhin zu und zwar sowohl innerge-
sellschaftlich wie auch transgesellschaftlich. Vor allem ist die Spannung zwischen der ersten und der dritten Welt zu nennen, genauso wie die immer wieder
aufflammenden sozialen Unruhen in den industrialisierten Gesellschaften, etwa
in Frankreich 2005.

Auf diese Situation reagiert Bauman, indem er noch einmal an das emanzipatorische Motiv seines soziologischen Denkens anknüpft. Er betont, dass die
Befreiung aus diesen prekären Vergesellschaftungsweisen nur dann gelingen
kann, wenn eine Befreiung der Ärmsten eine Befreiung aller aus den Fängen
einer individualisierten und flüchtigen Gesellschaft möglich macht: „the rest of
human society cannot be liberated from its ambient fear and impotence unless ist
poorest part is liberated from its penury." (2001b: 116)

Die starke klassentheoretische Verortung der gesellschaftlichen Struktur-
analysen von Bauman zeigt sich vor allem darin, dass er die Konsequenzen einer
Konsumgesellschaft für die Formierung kollektiver Interessen nur als Atomisierung und nicht als Individualisierung im Sinne Becks (1983; 1986) begreifen
kann. Richtig an seinen Überlegungen ist sicherlich, dass die Angleichung der
Lebensbedingungen von Arbeiterschaft und Angestellten durch die Verbesserung
der relativen Positionen der Arbeiterklasse zu einer Individualisierung ihrer Ori-
entierungsweise beigetragen haben. So zeigt im Hinblick auf Deutschland etwa
Ditmar Brock: Die „klare gesellschaftliche Verortung verblasste … zugunsten
individueller handlungsorientierter Bezüge auf die Gesellschaft, die von individuellen Reproduktionsinteressen und Problemen individueller Daseinsbewälti-
gung geprägt waren." (1991: 265) Diese Individualinteressen in den Vordergrund schiebende Orientierung an einer eigenständigen Lebensführung verhindert jedoch nicht, dass es zur Ausbildung kollektiver Muster der Lebensführung
kommt, die auch in kollektiven Kämpfen für die Durchsetzung dieser Lebens-
muster realisiert werden. Die Schwierigkeiten von Baumans Analyse liegen
darin, dass er Individualisierung als Atomisierung versteht und nicht erkennt,
dass sich auch darin kollektive Muster der Lebensführung abbilden bzw. aus
diesen heraus entstehen können. Wegen seiner engen Anbindung an die klassentheoretische Analyseperspektive bleibt ihm die Perspektive auf die Gruppenbil-
dungsprozesse erleichternden Zugänge einer individualisierten Lebensführung
verschlossen. Diese gilt es jedoch zu berücksichtigen, wenn man die Transfor-

mation von der Moderne zur Flüchtigen Moderne umfassend auch in einer postmarxistischen Perspektive erfassen will.

Angesichts der prekären Lage des Individuums in einer postmodernen Gesellschaft sind Tendenzen zur Wiederbelegung des Gemeinschaftsdenkens und des Gemeinschaftsgedankens nahe liegend. Deshalb skizziert Bauman nochmals warnend das düstere Bild einer das Individuum durch seine Einbindung in ein Normengefüge versklavende Gemeinschaft. Gemeinschaften erscheinen nur oberflächlich betrachtet als wärmende Umgebung in einer kalten Welt. Als Orte, an denen sich das Individuum ohne Rückfrage über Herkunft und Verbleib der Gemeinschaft ihrer Werte, ihrer Sitten und Traditionen einfach aufhalten kann. Allerdings hat dieses Aufgehobensein in Gemeinschaft einen hohen Preis: den der individuellen Freiheit auf Reflexionsvermögen und Selbstbestimmung. Die Autonomie gerät in Gemeinschaften tendenziell in Gefahr, weil sie den gemeinschaftlichen Werten, Normen, Sitten und Gebräuchen unterzuordnen ist. Gemeinschaftssehnsucht wird in einer harten Währung bezahlt: „The price is paid in the currency of freedom, vaiously called ‚autonomy', ‚right to self-assertion', ‚right to be yourself'". (2001a: 4)

Aus diesem Grund unternimmt Bauman in Aktualisierung seiner Intention einer emanzipatorischen Soziologie in *Community* (2001a) den Versuch, Gemeinschaften als nur scheinbare Orte des Aufgehobenseins zu entlarven. Mit scharfer Polemik zeigt Bauman auf, dass der Verlust der traditionalen Gemeinschaft nicht aufhebbar ist. Aber ebenso, dass die Hoffnung auf „reflexive" Gemeinschaft ein Widerspruch in sich ist. Er greift zu diesem Zweck erneut seine frühere Kritik am Kommunitarismus auf und wirft ihm vor, dass dieser die Zusammenhänge zwischen individueller Freiheit und Gemeinschaft übermäßig simplifiziert. Dadurch würde die Entstehung von Scheingemeinschaften befördert, obwohl diese der individuellen Autonomie nicht genügen können (2001a: 148).

In den Jahren seit dem Erscheinen der *Liquid Modernity* hat Bauman intensiv daran gearbeitet, in einzelnen Feldern den Charakter der Flüchtigkeit moderner Lebensformen herauszuarbeiten. Er geht damit einen entscheidenden Schritt auf die empirische Konkretisierung seiner theoretischen Befunde zur Flüchtigen Moderne zu. Diese Bücher zeigen, dass der Verdacht, eine Soziologie der Postmoderne sei angesichts der Verflüssigung und tendenziellen Auflösung des Sozialen nicht möglich (Best 1998), nicht trifft.

Flüchtige Moderne als ein Zustand der Instabilität wirkt sich in fast allen gesellschaftlichen Lebensbereichen aus. Nicht nur die Wahl einer Lebensform, einer Liebesform oder einer Identität sind betroffen. Gleichermaßen unsicher ist die soziale Stellung vieler Individuen in einer flüchtigen Gesellschaft. Angesprochen ist damit die Problematik von Inklusion und Exklusion, die Problematik gesellschaftlichen Abfalls. Ebenso die Frage, wie ein Leben unter den Bedingungen der Flüchtigen Moderne geführt werden kann. Und zu präzisieren ist: Die Frage ist keine nach einem normativen Sollen, sondern nach einem faktischen Können. Konkretisiert lautet das Interesse von Bauman in den Jahren nach der *Flüchtigen Moderne*: Wie führen die Menschen unter dieser Bedingung ihr Leben?

In vier verschiedenen Texten hat Zygmunt Bauman versucht Flüchtigkeit detailliert zu beschreiben und die empirische Triftigkeit seiner Überlegungen zu demonstrieren. So beschreibt etwa *Liquid Love. On the Frailty of Human Bonds* (2003) die Flüchtigkeit heutiger Beziehungsarrangements, skizziert *Identity* (2004b) die Transformation vom Identitätsproblem zum Identifikationsproblem, widmet sich *Wasted Lives. Modernity and its Outcasts* ([2004]; 2005 dt.: Verworfenes Leben. Die Ausgegrenzten der Moderne) der Inklusions- und Exklusionsproblematik in der Flüchtigen Moderne und beschreibt schließlich *Liquid Life* (2005) die neuen Konturen von Lebensformen.

In der Moderne erschien Identität als eine Gegebenheit, die sich Individuen aneignen konnten oder mussten, einzig unter der Auflage, sie ein Leben lang durchzuhalten. Beim Übergang zur Flüchtigen Moderne wird das Identitätsproblem in das Problem der Identifikation transformiert. Nun ist es nicht Kontinuität und Sich-Selbst-Gleichheit, die zum Problem wird, sondern die beständige Erfindung und Überschreitung einer Identifikation. In der Flüchtigen Moderne transformiert sich das Identitätsproblem zum Problem der Identifikation, oder in der Sprache von *Intimations of Postmodernity*, „Zusammensetzung des Selbst" ([1992] 1995: 226). War in der Moderne das Bild der Identität prägend für die Sinnsuche und den Aufbau einer eigenen Persönlichkeit, so ist es in der Flüchtigen Moderne das Problem der Selbsterfindung, der Selbstfestlegung. Der Übergang besteht, so Bauman bereits in *Individualized Society* in der Differenz von „determination" zu „self-determination" (2001b: 145).

Damit rücken andere Fragen in den Mittelpunkt. Denn das Problem der Identifikation ist immer verbunden mit der Frage: Was könnte ich sein? (2001b: 147) Daraus ergibt sich auch die sich selbst verstärkende Flüchtigkeit der Flüchtigen Moderne. Denn sie wird vorangetrieben durch die wachsende soziale und psychische Bedeutung der Identifikation. Vorangetrieben durch die Revidierbarkeit jeder Entscheidung zur Identifikation. Und dies ohne wirksame soziale Normierungen. Identifikation ist der Privatisierung ausgeliefert.

Die beständige Erfindung einer Identifikation findet jedoch unter besonderen Restriktionen statt. Erstens kann das Individuum nicht mehr zurückgreifen auf kollektive Schablonen, auf Klasseninteresse, auf Klassenidentitäten, auf Herkunft. Statt dessen muss die Identifikation beständig neu in einer privaten Kraftanstrengung entwickelt werden. Es ist die Aufgabe und die alleinige Aufgabe des Einzelnen, seine Identifikation immer wieder neu zu erfinden. Und diese Erfindung unterliegt einer zweiten restringierenden Bedingung. Nicht nur, dass der Rückgriff auf kollektive oder soziale Angebote nicht mehr möglich ist. Sondern die Auswahl einer Identifikation findet in einer Konsumgesellschaft statt. Konsumgesellschaften weisen die Besonderheit auf, dass die soziale Beschleunigung von Neuigkeiten so zugenommen hat, dass das Treffen einer verbindlichen dauerhaften Wahl kaum noch möglich ist. Denn eine Frage verstummt nicht mehr: Welches der angebotenen Konsumgüter, welches der angebotenen Identifikationsobjekte wähle ich für meine Identifikation aus? Aus dieser Problematik ergibt sich also nicht nur das Problem der ständigen Erfindung, sondern auch das Problem, die richtige Wahl zu treffen. Diese richtige Wahl, das ist die dritte Konsequenz, muss aber auch unter den Bedingungen der jederzeit möglichen Revidierbarkeit der eigenen Entscheidung zur Identifikation erfolgen. Identifikation unter den Bedingungen der Konsumgesellschaft ist dann erfolgreich, wenn sie jederzeit revidiert werden kann (Junge 2004). Eine Wahl ist eine Wahl unter der Bedingung der Kurzfristigkeit, der jederzeitigen Aufhebbarkeit, der Möglichkeit, die Wahl rückgängig zu machen, sie durch eine andere Wahlentscheidung zu ersetzen.

Der Terminus Wahl bekommt hier eine neue Bedeutung. Eine Wahl ist nicht mehr eine das Selbst bindende Entscheidung. Vielmehr ist sie eine Art Durchlauferhitzer. Das individuelle Leben in der Flüchtigen Moderne wird einer beständigen Selbsttransformation unterworfen. Identifikation verliert alle Merkmale des modernen Identitätskonzepts. Sie wird zur individuellen Herausforderung. Unter diesen Bedingungen dringen die Merkmale der Flüchtigkeit in die Konstitution eines persönlichen Lebensstils und einer Identifikation ein.

Die Umstellung von Identität auf Identifikation unterwirft die Individuen einer paradoxen Herausforderung. „Once identity loses the social anchors that made it look ‚natural', predetermined and non-negotiable, ‚identification' becomes ever more important for the individuals desperately seeking a ‚we' to which they may bid for access." (Bauman 2004b: 24) Durch den Verlust des sozialen Ankers wird die Identifikation mit einem imaginierten „Wir" für die Individuen immer wichtiger. Es wird verzweifelt gesucht als Ersatz für die noch in der sozialen Verankerung der Identität gegebene Bezugsgruppe. Diese Entbettung von Identifikation in der Flüchtigen Moderne lässt die Individuen zugleich zu ihrem Spielball werden.

Mit der Umstellung von Identität auf Identifikation reguliert der Vergesellschaftungsprozess die Konstitution von Identifikation direkt. Identifikation ist Ausdruck des Verlusts des Sozialen im Vergesellschaftungsprozess. Diese paradoxe Aussage verdichtet, was Bauman in seinen Analysen andeutet. Zurückgreifend auf Maffesoli ([1988] 1996; 1990) hält er fest, dass in der Flüchtigen Moderne das Soziale durch Sozialität ersetzt wird. Aber: Sozialität im Sinne von Maffesoli und Bauman entspricht nicht mehr dem klassischen Muster des Sozialen, wie es im 19. Jahrhundert formuliert wurde. Das Soziale ist keine Einheit mehr und es kann auch nicht mehr als Anker fungieren. Vielmehr muss Sozialität beständig erfunden werden, weil die Flüchtige Moderne das Soziale zerstört. Daraus ergibt sich wiederum eine Verstärkung der Gemeinschaftssehnsucht.

Damit ist der verhängnisvolle Kreislauf geschlossen: Die Flüchtige Moderne erzeugt flüchtige Identifikationen, die ihrer Flüchtigkeit durch die Hoffnung auf imaginierte Gemeinschaften zu entkommen suchen, damit aber auch diese der Flüchtigkeit unterwerfen und damit die flüchtigen Identifikationen immer prekärer und die Flüchtige Moderne immer instabiler werden lassen.

Der Wandel des Problems der Identität zu einem Problem der Identifikation wirkt sich nun auch in einem weiteren Schritt auf den Wandel der intimen Beziehungen und der privaten Lebensführung aus. Unter Rückgriff auf Musils *Der Mann ohne Eigenschaften* formuliert Bauman, dass es in der Flüchtigen Moderne nun um den „Mann ohne Verwandtschaft" (2003: vii) geht. Es geht nicht mehr um die nicht wählbare Verwandtschaft, sondern die wählbare Affinität.

An der fehlerhaften Übersetzung des Begriffs der Wahlverwandtschaft ins Englische verdeutlich Bauman, dass Wahlverwandtschaft ein Widerspruch zur Verwandtschaft ist. Denn Verwandtschaft kann nicht gewählt werden, in einen Verwandtschaftszusammenhang wird man hineingeboren. Der Begriff der Wahlverwandtschaft im engeren Sinne deutet jedoch an, dass eine Verwandtschaftsbeziehung, eine Affinität gewählt werden kann. Das markiert die Differenz zwischen Moderne und Flüchtiger Moderne. Affinitäten, Neigungen, Zugehörigkeiten können in der Moderne nicht gewählt werden, sie sind Gegebenheiten. Im Gegensatz hierzu werden diese Affinitäten in der Flüchtigen Moderne gewählt. Die Differenz liegt in der Wahlmöglichkeit. „Choice is the qualifying factor: it transforms kinship into affinity." (Bauman 2003: 28) Unter diesen Bedingungen ist die Stabilisierung von Identifikationen ausgesprochen erschwert. Diese Skizze verdichtet sich zum Bild einer Gesellschaft, die Wahlentscheidungen erzwingt, ohne ihnen den Charakter einer „wirklichen" Wahl zu geben.

Bindungslosigkeit ist das wichtigste Merkmale von Bindungen in der Flüchtigen Moderne. Die Individuen werden unfähig, ebenso aber auch unwillig, Bindungen einzugehen. Denn eine Bindung bedeutet Verpflichtung, Restriktion, Einschränkung. Das ist unter Bedingungen einer sich beschleunigenden Vergesellschaftung und der Auflösung des Sozialen unerwünscht. Lebensbeziehungen werden flüchtiger, kurzfristiger, instabiler. Sie werden begonnen mit der Option, sie jederzeit beenden zu können. Aus der Vorstellung einer lebenslangen Beziehung wird in der Flüchtigen Moderne die Lebensform des „Lebensabschnittsgefährten". Bindungslosigkeit bestimmt selbst noch die Bindungen. Lebenspartner werden konsumiert wie die Objekte der Identifikation, die die Konsumgesellschaft als Ersatz für die Identität zur Verfügung stellt. Wenn Lebenspartner in dieser Weise begriffen werden, erscheinen sie als kurzer Knoten in einem Netzwerk möglicher Beziehungen. Es ist möglich, jederzeit den Knotenpunkt zu wechseln. Nun ist der Weg zur Analyse der Lebensformen unter den Bedingungen einer Flüchtigen Moderne frei. 2005 hält Bauman dann auch fest, dass das Leben unter den Bedingungen der Flüchtigen Moderne ein prekäres Leben ist, geführt unter konstanter Unsicherheit. Unsicherheit, möglicherweise einen Trend, ein Ereignis zu verpassen oder der schnellen Vergesellschaftung durch die Konsumgesellschaft hinterherzuhinken. „In short: liquid life is a precarious life, lived under conditions of constant uncertainty." (2005: 2) Unsicherheit lähmt, schränkt den Handlungswillen ein und verhindert so auch Aktivitäten, die zur Bildung sozialer Figuration beitragen. In der Flüchtigen Moderne verflüchtigt sich das Soziale so weit, dass von Figurationen im Sinne von Elias ([1939] 1994) kaum noch gesprochen werden kann.

Eine weitere Problematik tritt hinzu. Wenn der Vergesellschaftungsprozess sich beschleunigt (Rosa 2005), entsteht vermehrt gesellschaftlicher Abfall. Gesellschaftlicher Abfall ist das Produkt, das Bauman in den letzten Jahren verstärkt beschäftigt hat. Im deutschsprachigen Kontext wird hier häufig statt dessen von den „Überflüssigen" gehandelt und der Rahmen der Exklusionskonzeption verwendet (Imbusch 2001; Schroer 2001). Eine beständig sich beschleunigende Konsumgesellschaft produziert beständig mehr Abfall. Dieser Abfall besteht jedoch nicht nur aus Gütern, aus Verpackungen, aus Müll. Sondern dieser Abfall ist in Augen von Bauman häufig auch menschlicher Abfall des Vergesellschaftungsprozesses.

Menschlicher Abfall: Menschen, die der Flüchtigen Moderne nicht mehr genügen können. Sei es, weil sie die falsche Wahl trafen. Sei es, weil sie vom Wählen ausgeschlossen und in die Mechanismen einer strafenden Staatsfürsorge überführt wurden. „,'Menschlicher Abfall' kann heute nicht mehr auf abgelegene Müllplätze geschafft und auf diese Weise zuverlässig vom „normalen Leben" ferngehalten werden. Deshalb muss dieser Abfall in fest verschlossenen Containern isoliert werden. Das System des Strafvollzugs liefert solche Container." ([2004] 2005: 121)

Und dieses Abfallproblem wirkt sich indirekt wiederum auf das Identifikationsproblem aus. Es ist für die oberen gesellschaftlichen Schichten ein anderes Problem als für die unteren. Die oberen gesellschaftlichen Schichten verstehen das Identifikationsproblem als Frage nach der Wahl des besten verfügbaren Angebots oder Musters. Hingegen geht es für die unteren Schichten darum, die ihnen überhaupt verfügbaren Identifikationsmöglichkeiten zu erreichen und diese dann möglichst festzuhalten, damit sie nicht im Vergesellschaftungsprozess beständig von der Zerstörung bedroht sind. „The meaning of the ‚underclass identity' is an absence of identity; the effacement or denial of individuality" (Bauman [2004] 2005: 39).

Gemeinsam ist jedoch beiden, dass Individualität eine Aufgabe ist, die den Mitgliedern einer Gesellschaft als individuelle, als einzigartige, als private Aufgabe gestellt wird. Dadurch verliert sich die soziale Basis der Konstitution einer Lebensform. Eine Lebensform ist nun nichts mehr sozial eingebettet in geteilte kulturelle Muster der Definition von Zugehörigkeit. Nun ist die Wahl einer Lebensform eine individualisierte nahezu atomisierte Entscheidungssituation. Die Wahl ist nicht mehr durch Soziales determiniert. Wenn das Soziale verschwindet, bleibt die Frage: Wie kann es weiterhin zu sozial geteilten Identifikationen kommen?

Aus dieser Tendenz ergibt sich auch die Beschleunigung, die sich vor allem im Übergang vom Heldentum zur Berühmtheit zeigt (2005: 50). War das Heldentum eine Figur der Moderne, so ist Berühmtheit Ausdruck der Beschleunigung in der Flüchtigen Moderne. Berühmtheit ist ein kurzzeitiges Aufleuchten im Vergesellschaftungsprozess ohne in diesem noch Spuren zu hinterlassen. Berühmtheit signalisiert das Ende des Sozialen vor dem Hintergrund einer sich zunehmend intensivierenden Vergesellschaftung.

Diese Beschleunigung des Verfalls von Identifikationen und Identifikationsangeboten verweist zurück auf die Macht des Marktes in der Konsumgesellschaft. Identifikationen und Werte werden zurück gebunden an den Begriff des Marktwertes. Sobald der Marktwert erloschen ist, die Möglichkeit der Surplus-Produktion eingeschränkt wird, in dem Moment verschwindet das Identifikationsangebot. Ein neues tritt an seine Stelle. Deshalb spricht Bauman von einem Syndrom des Konsumismus, welches das Syndrom des Produktionismus aus der Moderne überlagert. „The seminal departure that sets the consumerist syndrome most sharply apart from its productionist precessor ... seems to bet he reversal of values attaches respectively to duration and transience." (2005: 83) Aus der Hochschätzung der Werte wie Dauer und Haltbarkeit wird die Schätzung von Flüchtigkeit und Begehren. In der Konsumgesellschaft ist dieses Syndrom dem der produktivistischen Gesellschaft überlegen.

Das konsumeristische Syndrom dreht sich vor allem um Geschwindigkeit, Übermaß und Abfall. „The ‚consumerist syndrome' is all about speed, excess and waste." (2005: 84) Geschwindigkeit deutet die Beschleunigung von Marktprozessen an, die sich als Beschleunigung von Vergesellschaftungsprozessen auswirken. Das Übermaß, der Exzess zeigt an, dass die Bedürfnisse des Konsumenten unbegrenzt sind, nie befriedigt werden können. Deshalb erhält der Konsum einen Eigenwert. Und im Zuge der wachsenden Bedeutung von Geschwindigkeit und Exzess nimmt die Erzeugung gesellschaftlichen Abfalls zu.

Die Schnelllebigkeit einer Konsumgesellschaft unter dem Diktat des Marktes, der die Eigendynamik von Vergesellschaftungsprozessen beschleunigt, führt Bauman wie bereits erwähnt dazu, sich dem Konzept des Abfalls zuzuwenden. Bauman definiert „Die Produktion ‚menschlichen Abfalls' ... ist ein unvermeidliches Ergebnis der Modernisierung und eine untrennbare Begleiterscheinung der Moderne. Sie ist ein unvermeidlicher Nebeneffekt des Aufbaus einer gesellschaftlichen Ordnung ... und des wirtschaftlichen Fortschritts" ([2004] 2005: 12).

Das Konzept des Abfalls tritt tendenziell an die Stelle des Konzepts der Ambivalenz, weil beide in gleicher Weise beschrieben werden. War Ambivalenz ein grundlegendes Problem jeder klassifikatorischen Ordnung, so ist Abfall ein grundlegendes Problem jedes Produktionsprozesses. Die Perspektive hat sich verlagert: von der Klassifikationsordnung zur gesellschaftlichen Ordnung. In ihr ist Abfall ein beständiges Ausfallprodukt. Genauso wie Ambivalenz ein beständiges Ausfallprodukt von Klassifikationsordnungen ist.

Bauman wechselt hier die Ebene. Er verlässt die wissenssoziologische Grundierung einer Theorie der Ambivalenz und geht über zur empirisch orientierten Analyse der Bedeutung des Ausgeschlossenen. Dessen, was in eine gesellschaftliche Ordnung nicht mehr hineinpasst, nicht mehr gebraucht wird. Es ist der Abfall und es ist der Abfall in seiner vielschichtigen Form. Abfall an Gütern, Abfall durch Verpackung und Abfall von Menschen, die in diese Ordnung nicht mehr integriert werden können.

Dieser Abfall sind die Langzeitarbeitslosen, die Ausgeschlossenen, die Sozialhilfeempfänger, die aus welchen Gründen auch immer im sozialen Prozess Gescheiterten (Junge/Lechner (Hrsg.) 2004). Diese Abfallproduktion beschleunigt sich in der Flüchtigen Moderne. Die Ausgrenzung immer größerer Bevölkerungsgruppen aus der sich beschleunigenden Vergesellschaftung über die Konsumgesellschaft nimmt zu und dadurch werden die „Ventile" zur Beseitigung des Abfalls schrittweise verstopft. Gesellschaften der Flüchtigen Moderne sind zur Abfallbeseitigung nur noch begrenzt in der Lage.

Sie verwenden hierfür zwei hauptsächliche Strategien: einerseits die Transformation der Idee des sozialen Staates und zum Zweiten den Einsatz des Mittels unmittelbarer Repression durch das Strafrecht. Die erste Variante bezieht sich vor allem auf die Diskussion um den Ab- oder Umbau des Sozialstaates. Auch in Europa ist die Tendenz erkennbar, dass sich der Staat aus vielerlei Aufgaben, die früher ein Anliegen einer sozial integrierten Gesellschaft waren, zurückzieht, diese umdefiniert und sie zu einer privaten Problematik macht. Neoliberalismus ist Ausdruck dieser Tendenz. Und die zunehmende Zahl von Gefängnissen und

Gefangenen sind ein Ausdruck der zweiten Regulierungsstrategie des Staates angesichts des Abfalls ist: Repression und Exklusion.

Bauman verweist darauf, dass die Produktion von Abfall etwas ist, was ein unvermeintlicher Bestandteil des Prozesses der Produktion ist. „Die Absonderung und Zerstörung des Abfalls sollte zum Geschäftsgeheimnis aller modernen Gestaltung werden: Durch das Entfernen und Wegwerfen des Überflüssigen, des Unnötigen und Nutzlosen wird das Schöne, Harmonische, Angenehme und Erfreuliche erkennbar." (2003: 34) Diese auf eine Skizze von Michelangelo zurückgreifende Darstellung verdeutlicht, dass Abfall nicht nur notwendig ist. Abfall erfüllt auch eine gesellschaftliche Funktion. Ohne Abfall keine Produktion. Ohne Abfall keine Erzeugung gesellschaftlicher Verhältnisse.

Das Problem daran ist, dass etwas nicht per se Abfall ist, sondern zum Abfall gemacht wird. Abfall unterliegt einem Definitionsprozess. Erst wenn wir etwas als Abfall bezeichnen, wird es Abfall und hier schließen sich seine Argumentationen mit der wichtigsten Kategorie menschlichen Abfalls, dem homo sacer (Agamben 2002) zusammen. „Der Homo sacer ist die wichtigste Kategorie menschlichen ‚Abfalls'" (2003: 49). Sie beschreibt bei Agamben denjenigen, der nicht geopfert, aber getötet werden darf. Menschlicher Abfall unter den Bedingungen der Flüchtigen Moderne ist, so muss man dieses Beispiel analog übertragen, etwas Heiliges, was jedoch den Status des unverletzbaren Heiligen nicht mehr erreichen kann, weil es wie Abfall jederzeit entsorgt oder eingesperrt werden kann.

Dies geschieht nun unter der Bedingung, dass sich der Staat aus seinen wesentlichen ökonomischen Aufgaben zurückzieht und seinen Repressionsapparat verstärkt. Die Zunahme gesellschaftlicher Repression in der Flüchtigen Moderne offenbart erneut das Doppelspiel von Panoptikum und Synoptikum. Die nicht zum Abfall gehörende Gruppe der Gesellschaft orientiert sich an Berühmtheiten und lassen sich synoptisch überwachen, weil das Nacheifern nach Vorbildern zugleich die Unterwerfung unter das Vorbild bedeutet. Für die Ausgeschlossenen, den Abfall, für die Exkludierten bleibt weiterhin das staatlich aufrecht erhaltene Repressionsinstrument des Panoptikums, der jederzeit möglichen Kontrolle jeder Bewegung, bestehen.

Die Flüchtige Moderne zerfällt in eine mit modernen Repressionsinstrumenten stabilisierte Kontrollinstitution und eine postmoderne Kontrollinstitution des Synoptikums. Beide koexistieren. Es ist dem historischen Prozess überlassen, welche der beiden Formen am Ende dominiert. Eine vollständige Umstellung der Kontrollstrategie vom Panoptikum auf das Synoptikum ist unwahrscheinlich, weil die Produktion von Abfall weiter zunimmt und damit auch der Bedarf nach einer panoptischen Repressionsinstanz. Die Spannung zwischen beiden Elementen wird in der Flüchtigen Moderne größer. Es ist gegenwärtig nicht abzuschätzen, ob am Ende der Entwicklung nicht wieder das Panoptikum allein reguliert, weil die Flüchtige Moderne in ihrer Entfaltung ihre Flüchtigkeit zerstören wird. Diese Spannung zwischen Panoptikum und Synoptikum als gesellschaftliche Kontrollformen spiegelt sich auch in dem schrittweisen Rückzug des Staates aus der Regulation gesellschaftlicher Verhältnisse. „Ein neues öffentliches Verlangen nach einem starken Staat, der in der Lage ist, die schwindenden Hoffnungen auf Schutz gegen die Einsortierung zum Abfall wieder aufleben zu lassen, gründet sich auf persönliche Verwundbarkeit und persönliches Sicherheitsbedürfnis, nicht auf soziale Unsicherheit und soziales Schutzbedürfnis." ([2004] 2005: 129)

Nun ist die letzte Etappe der Entfaltung der Flüchtigen Moderne erreicht. Nicht mehr nur zeigt sich, dass Individualität, Lebensform und Identifikation zu einer privaten Aufgabe geworden sind. Auch der Staat, eine per Definition kollektive Instanz, zieht sich aus der Regulation sozialer Zusammenhänge zurück. In diesem Transformationsprozess des Staates kommt das Absterben des Sozialen deutlich zum Ausdruck. Privatisiert wird nun der gesamte Vergesellschaftungsprozess, in dem noch in der Moderne der Staat eine wichtige Instanz war. Staatliche Regulation, soziale Kontrolle, Eingriffe in das Marktgeschehen und Ähnliches werden nur noch mit der Sicherung privater Interessen, privater Schutzbedürfnisse begründet, ohne noch deren soziale Bedeutsamkeit erkennen zu können. Mit der Transformation des Staates, soweit kann man prognostizieren, ist die Transformation von der Moderne in die Flüchtige Moderne abgeschlossen. Wenn sich der Staat aus der Regulation sozialer Verhältnisse zurückzieht, zerbricht die letzte Instanz, die zur Regulation und Erzeugung sozialer Zusammenhänge überhaupt in der Lage war.

Wenn dieser Prozess abgeschlossen wird, bleibt am Ende eine Vergesellschaftung ohne Soziales übrig, die sich vor allem definiert als eine „Kultur der Unverbindlichkeit, der Zusammenhanglosigkeit und des Vergessens" ([2004] 2005: 166). Am Ende dieser langen Reise der Erkundung der Lebensbedingungen in der Flüchtigen Moderne kehrt Bauman zu seinem Ausgangsthema der Kultur zurück, um festzustellen, dass die Grundmerkmale von Kultur sich ebenfalls verändert haben. Bestand Kultur, erinnern wir uns zurück an *Culture as Praxis*, in einem machtgestützten Definitionsprozess, so besteht nun eine Kultur, die diese Definitionsmacht verloren hat. Kultur ist kein Reservoir der erlaubten Deutungen und Definitionen mehr. Kultur ist nun ein beständig fließender Zusammenhang, ein flüchtiger Zusammenhang kurzzeitiger kultureller Erscheinungen ohne jede kulturelle Kohärenz und soziale Verbindlichkeit.

IV. Fazit

Wie ist das Werk als ein Ganzes einzuschätzen? Beeindruckend ist die Vielfalt von Themen, die Tiefe der Auseinandersetzung mit ihnen und die Reichhaltigkeit von Anregungen, die Bauman aufgreift. Die Anregungen reichen von der Architekturtheorie über die Philosophie, Theologie und Ethiktheorie. Und jedes Mal unternimmt Bauman fundierte Analysen im Dienste seiner eigenen Fragestellung. Er ist ein hervorragender Übersetzer zwischen den verschiedenen Disziplinen und kann aus den unterschiedlichen Kontexten Erkenntnisse in die Soziologie zurückführen.

Ebenso bemerkenswert ist die Konstanz seiner Auseinandersetzung mit zentralen Fragen der Gesellschaftsentwicklung. Keines seiner Themen wird nur einmalig behandelt. Alle Themen tauchen unter Berücksichtigung des jeweiligen sozialen Wandels in späteren Schaffensperioden erneut auf. Dabei zeigt sich, dass die Analysen sowohl was die Methodik wie auch die Ergebnisse betrifft, jeweils auf dem neuesten Stand der wissenschaftlichen Diskussion stehen. Als Beispiel sei nur seine Auseinandersetzung mit der Bedeutung des Klassenbegriffs und der Klassenformation genannt. Sie beginnen in den 60er Jahren und enden im Prinzip 1998 und sind problemlos bereit, alte Erkenntnisse im Lichte neuer Forschungsergebnisse zu revidieren. In diesem Sinne ist Baumans Soziologie eine fortlaufend reflektierte Anpassung an veränderte gesellschaftliche Gegebenheiten.

Der Fokus seiner Auseinandersetzungen bleibt konstant. Es geht ihm immer um den Zusammenhang von Freiheit und Ordnung. Er betont am Ende immer stärker, dass Freiheit und Ordnung eine untrennbare Einheit sind. Aber das Verhältnis von Freiheit und Ordnung hat sich historisch mit dem Übergang zur Postmoderne und schließlich zur Flüchtigen Moderne verändert. In Baumans Augen wird nicht nur eine neuerliche Analyse des Verhältnisses von Freiheit und Ordnung nötig, sondern auch die Überprüfung des konzeptionellen Instrumentariums der Soziologie.

Eine der wichtigsten Konsequenzen ist Baumans Abschied vom Konzept der Postmoderne und der Übergang zum Konzept der Flüchtigen Moderne. Er hat seit seinen Arbeiten über die *Dialektik der Moderne* und *Moderne und Ambivalenz* systematisch damit begonnen, ein neues Vokabular zur Verfügung zu stellen. Dieses neue Vokabular reagierte in den 90ern auf die Postmoderne, später, ab 2000, auf die Flüchtigkeit der Moderne. Beiden Konzepten geht es mit einer ausgeprägten existentialistisch phänomenologischen Analyseperspektive darum herauszuarbeiten, mit welchen „Lebensstrategien" die Menschen ihrer jeweiligen Lebensbedingungen Herr zu werden suchen. Durchgängig wird sein Werk zudem geprägt durch den naturalistischen Humanismus. In diesem kommt seine Intention einer emanzipatorischen Soziologie zum Ausdruck. Die Verwirklichung dieser Intention setzt voraus, dass sich die Soziologie aus ihrer eigenen Geschichte befreien kann, um im gesellschaftlichen Zusammenhang Aufklärung und Reflexionswissen zur Verfügung zu stellen. Baumans Werk ist als soziologisches Werk eine deutliche Parteinahme für die in Vergesellschaftungsverhältnissen einbegriffenen Individuen. Ermöglicht wird ihm diese Parteinahme durch einen existentialistisch phänomenologischen Blick auf die Gegebenheiten des Handelns und des Erlebens der Menschen. Dieser Blick ist sicherlich auch geprägt durch seinen biographischen Hintergrund, die Auswanderungserfahrungen und die zweifache Zerschlagung eines Karriereansatzes. Ebenso sicherlich auch bedingt durch die tiefgreifende Analyse des Holocaust, die er im Gefolge der Auseinandersetzung mit der Lebensgeschichte seiner Frau Janina Bauman unternommen hat. Aufgrund dessen kann man schließen, dass das Werk Baumans durch biographische Erfahrungen und Impulse motiviert ist, ohne dass diese Erfahrungen und Impulse das Werk in inhaltlicher Hinsicht prägen. Sie motivieren es, sie treiben es voran. Sie überlagern es nicht.

Eine Grenze seiner Analysen stellen für die Soziologie vor allem seine ethiktheoretischen Schriften dar. Der ethiktheoretische Diskurs, den er aufbaut unter Rückgriff auf Lévinas, lässt sich nicht mit dem moralsoziologischen und auch nicht mit dem soziologischen Vokabular verkoppeln. Dies mag daran liegen, dass die Perspektivenverkehrung seines ethiktheoretischen Modells für die Soziologie ungewohnt ist, weil es unter Verzicht auf das Konzept der Reziprozität mit der Figur asymmetrischer Beziehungen gearbeitet ist. Es liegt zudem auch daran, dass die Annahme eines vorsozialen natürlichen eingeborenen moralischen Impulses für die Soziologie nicht greifbar ist. Die klassische Moralsoziologie geht von der gegenteiligen Annahme aus und diese gegenteilige Annahme hat sich bewährt.

Zu den Defiziten der Arbeiten in theoretischer Hinsicht gehört ebenso, dass er – wie die meisten gegenwärtigen Sozialtheorien auch – der Kategorie Geschlecht keine bedeutsame Rolle zuweist. Geschlecht ist keine Kategorie, die für seine Ausarbeitung des Konzepts der Kultur und der kulturellen Hegemonie eine Rolle spielt, wie wohl er sie gelegentlich mit einer Begründung versehen aus seinen Überlegungen herausnimmt. So, wenn er beispielsweise bei der Skizze der Flaneure, der Vagabunden und der Spieler in der Auseinandersetzung mit postmodernen Lebensbedingungen, argumentiert, dass die Kategorie Geschlecht hier vernachlässigt werden kann, weil der Vagabund als ein männlicher Vagabund aufzufassen ist.

Unabhängig von dieser, aus der Gender-Perspektive unnötigen Einengung, ergibt sich noch etwas anderes. Durch Aufmerksamkeit für die Bedeutung von sex und gender für die Vergesellschaftung wäre ihm ein anderer Zugang zu einer Ethik für die Postmoderne möglich gewesen: Fürsorge statt Alterität (Allen 1997). Diese Andeutung muss hier genügen (Nunner-Winkler (Hrsg.) 1991). Denn die lange Diskussion um eine weibliche Moral, um die Möglichkeit der Konzeptualisierung einer weiblichen Moral als eine Ethik der Fürsorge hätte Bauman einen anderen Weg gewiesen, sich von den Prämissen des kategorischen Imperativs zu lösen.

Zwar stellt Bauman ein neues begriffliches Vokabular für die Soziologie zur Verfügung, erinnert sei hier nur an das Konzept der Gesellschaftlichkeit, der Zusammensetzung des Selbst, ebenso an die Konzepte, die in der Auseinandersetzung mit der Konsumgesellschaft entwickelt werden. Aber es unterbleibt eine Analyse der notwendigen methodischen und methodologischen Umstellungen, die dieser Wechsel der Konzepte ebenfalls erfordert. Er sucht so sehr eine postmoderne Soziologie zu vermeiden, dass er sich den notwendigen Fragen nach der methodisch angemessenen Umsetzung seiner Konzepte nicht stellt. In dieser Perspektive hinterlässt das Werk Fragen. Vor allem die Frage nach der Entwicklung angemessener Methoden zur Erforschung der mit den neuen Konzepten gesetzten thematischen Spannbreite.

Erwähnt werden muss auch, dass die empirischen Evidenzen der Überlegungen von Bauman häufig unklar bleiben. In dieser Hinsicht finden die vorliegende Einschätzung Unterstützung in der Aussage von Varcoe und Kilminster: „Wir wollen nur hervorheben, dass sein Ansatz nicht genügend Aufmerksamkeit auf die mögliche empirische Komplexität von Entwicklungen richtet und die Effekte ausdifferenzierten Wissens auf die Zeitdiagnose, die angeboten wird, nicht zu berücksichtigen scheint." (2002: 45)

Dieser Hinweis ist einerseits berechtigt und ernst zu nehmen. Eine Einschätzung der empirischen Grundierung, der empirischen Haltbarkeit der Arbeiten von Zygmunt Bauman ist ähnlich schwierig wie eine Einschätzung der empirischen Fundierung der Arbeiten Simmels etwa in der *Philosophie des Geldes*. Gleichwohl muss man den Arbeiten Baumans andererseits – genau wie denen von Simmel – zugute halten, dass sie einen guten und scharfen Blick auf mögliche Vorläufer historischer und sozialer Entwicklungsprozesse richten können. Sie beschäftigen sich mit einer „Avantgarde der sozialen Entwicklung", um mögliche zukünftige Entwicklungspfade der Gesellschaft identifizieren zu können.

Die Fähigkeiten der zeitdiagnostischen Überlegungen von Bauman liegen weniger im detaillierten empirischen Nachweis des massenhaften oder gar gesellschaftlich dominierenden Auftretens der von ihm erwähnten und aufgezeigten Erscheinungen. Vielmehr sind seine Studien eindringliche Hinweis darauf, welche Konsequenzen resultieren würden, wenn diese Erscheinungen aus ihrer Rolle einer Avantgarde der sozialen Verhältnisse herausträten und zu gesellschaftlich dominierenden Mustern der Lebensführung und Handlungsorientierung werden würden. Darin spiegelt sich auch sein Interesse an einer Soziologie, die Möglichkeitsräume aufzeigt und dadurch mittelbar auch zur Emanzipation von gesellschaftlichen Verhältnissen beitragen will.

Baumans Arbeiten zielen nicht auf genaue empirische Fundierung, sondern auf die Bereitstellung emanzipatorischen Wissens, um eine Veränderung der Handlungsorientierung zu ermöglichen. Die Skizze möglicher Entwicklungspfade durch die pointierte Hervorhebung einer sozialen Vorreiterrolle bestimmter Gruppen wählt aus dem Raum möglicher Ereignishorizonte einen aus, um damit anzudeuten, welche Ereignisräume realisiert werden könnten. Durch diese Strategie löst Bauman sein Interesse an einer emanzipatorischen Soziologie ein, ohne sich den Vorwurf gefallen lassen zu müssen, vollkommen ohne empirische Evidenz zu arbeiten.

Die Bücher der letzten Jahre zeigen auf, wie vielfältig ein Zugriff auf die neue Vergesellschaftungsweise sein kann und muss. Erst dann ist es möglich, eine Soziologie, die der Flüchtigen Moderne angemessen ist, zu entwickeln.

Bauman verfolgt mit seinen soziologischen Analysen das Ziel, eine Soziologie gesellschaftlicher Ordnungsformen zu entwickeln. Er geht dabei von der Vermutung aus, dass es keine vollkommene soziale Ordnung geben könne. Wichtig ist zu beachten, dass Bauman nicht von der Unmöglichkeit von Ordnung schlechthin spricht, sondern von der Unmöglichkeit einer Ordnung bestimmter Qualität: Vollkommenheit.

Wer so fragt, nimmt andere Phänomene in den Blick, sucht nicht nach Stabilität oder Normen sozialer Verbindlichkeit. Vielmehr sucht, wer so fragt, nach der Fragilität, der Zerbrechlichkeit, den möglichen Gefährdungen des sozialen Daseins und sozialer Ordnungen. Er betont, dass die menschliche Natur sich trotz aller kultureller Leistungen und aller sozialer Ordnungskonstruktionen beständig in einer riskanten Situation befindet.

Die Unmöglichkeit einer vollkommenen Ordnung bedarf einer theoretischen Begründung. Sie besteht in der Ableitung von Ambivalenz aus dem Versagen jedes Klassifikationssystems. Ambivalenz wird von Bauman definiert als das Resultat der unmöglichen Tätigkeit der Erzeugung einer vollkommenen klassifikatorischen Ordnung. An dieser bekannten Definition aus *Moderne und Ambivalenz* ([1991] 1995) ist erkennbar, dass hier nicht Ambivalenz sondern

Ambiguität definiert wird. Die Unmöglichkeit von Ordnung wird als die Unmöglichkeit einer begrifflichen, klassifikatorischen Ordnung skizziert. Die Unmöglichkeit von Ordnung ist die Unmöglichkeit sprachlich geschlossener Ordnungssysteme. Kein Ordnungssystem, kein Klassifikationsentwurf kann alle sprachlichen Phänomene integrieren. Es bleiben immer ausgeschlossene Dritte, nicht erfasste Begriffe, störende Konzepte, Übergänge, Grenzfälle, Schnittmengen, Hybride. Jede Wissensordnung ist eine unvollkommene Wissensordnung.

Dieser Zugang zum Phänomen der Unmöglichkeit einer vollkommenen Ordnung erweist Bauman in dieser Phase seiner soziologischen Theorieentwicklung als Vertreter postmodernen Denkens. Idealtypisch ist hier die Arbeit von Lyotard über das postmoderne Wissen zu erwähnen ([1979] 1986). Sie gibt die Vorlage zur Argumentation von Bauman, indem auch hier aus der Rekonstruktion einer Wissensordnung, vor allem der Ordnung des informationstechnischen Wissens, auf die Unmöglichkeit der handlungspraktischen Realisierung einer eindeutigen Orientierung des Handelns geschlossen wird. Dieser Argumentationsfigur folgt Bauman.

An dieser Stelle hat sich recht häufig Kritik entwickelt. Sie bündelt sich in der Frage: Wie die Brücke zwischen Unordnung in den Wissensordnungen und Unordnung in den sozialen Ordnungen schlagen? Dieser Mangel hat Bauman in den letzten fünf Jahren seit Erscheinen der *Flüchtigen Moderne* ([2000] 2003) schrittweise dazu geführt, das Konzept der Flüchtigen Moderne auszubuchstabieren. Leitend ist die Frage: Wie wirkt sich die Flüchtige Moderne in unterschiedlichen Lebensbereichen aus?

Seitdem das Konzept zur Kennzeichnung der Gegenwart die Flüchtige Moderne ist, hat sich der Ansatzpunkt der Überlegungen von Bauman nochmals verändert. Das Konzept der Postmoderne taucht nur noch selten und nicht an tragender Stelle auf. Stattdessen wird der Fokus auf die Verflüchtigung sozialer Ordnungen gerichtet. An dieser Stelle zeigt sich eine *perspektivische Kehre*. Bauman beginnt seine Überlegungen mit der starken Annahme der Unmöglichkeit vollkommener Ordnungen. Aber mit dem Konzept der Flüchtigen Moderne wird die Ausgangsvermutung seiner Betrachtungen verkehrt.

Diese perspektivische Kehre ist von einem weiteren Gewinn begleitet. Dem Gewinn auf der Basis einer klaren wissenssoziologischen Rekonstruktion der Unmöglichkeit von Ordnung, diese nun handlungspraktisch und empirisch beschreiben und einholen zu können. Dieser Übergang wird markiert durch den Wechsel des leitenden Konzepts, der leitenden Metapher. Bis zum Erscheinen von *Liquid Modernity* ist die Kennzeichnung der Gegenwart durchgängig Postmoderne. Seit 2000 ist die Kennzeichnung nur noch die neue Metapher Liquid Modernity, Flüchtige Moderne.

Mit dem Übergang zur durchgängigen Verwendung des Konzepts der Flüchtigen Moderne erkennt Bauman an, dass trotz aller mangelhaften Unvollständigkeiten und Unrealisierbarkeiten einer idealen Ordnung der moderne Ordnungsentwurf ein zumindest in der Tendenz gelungener, stabiler, wenngleich unvollkommener Ordnungsentwurf war. Dieser beginnt nun, sich schrittweise aufzulösen. Die sozialen Verhältnisse werden vollständig umorganisiert. Neue Fragen und Probleme aufgeworfen. All dies aber vor dem Hintergrund der Anerkennung einer unvollständig realisierten Ordnung als Ausgangspunkt für „Verflüchtigungstendenzen".

Es gelingt ihm mit der Metapher der Flüchtigkeit eine Brücke zu schlagen zwischen seiner wissenssoziologischen Anfangsthese und dem Nachweis ihrer Handlungsrelevanz. Denn in fast allen seinen Büchern seit *Flüchtige Moderne* hat Bauman auch eine *empirische Kehre* vollzogen. Diese Kehrtwende äußert sich darin, dass er zur Verdeutlichung des mit Flüchtiger Moderne Gemeinten vermehrt empirische Befunde und Beobachtungen heranzieht. Es benutzt Ergebnisse der Familiensoziologie, der Inklusions- und Exklusionsforschung, der Gemeinschaftsforschung, der Identitätsforschung, um zu belegen, in welchen Sozialgestalten, in welchen Lebensformen sich die Flüchtige Moderne realisiert.

Diese empirische Kehre öffnet den Blick Baumans für das handlungsbezogene Spiegelbild zur Diskussion von Ambiguität und der Unmöglichkeit vollkommener klassifikatorischer Ordnung. Sie richtet die Aufmerksamkeit auf das Spiegelbild der Handlungsebene, welches sich als Unmöglichkeit eines Handelns ohne Ausschluss, ohne Exklusion erweist.

Diese empirische Kehre schließt die Lücke zwischen wissenssoziologischer und handlungsorientierter Analyse. Bauman vollendet mit dem Wechsel der leitenden Metapher eine umfassende gedankliche Bewegung. Ausgehend von der These der Unmöglichkeit einer vollkommenen klassifikatorischen Ordnung rekonstruiert er die Zerbrechlichkeit kognitiver und sozialer Ordnungsstrukturen. Sodann beschreibt er den Verlust, der eintritt, wenn sich diese unvollkommenen Ordnungsversuche auflösen. Nach dieser perspektivischen Kehre folgt mit der empirischen Kehre die Beseitigung der letzten sozialtheoretischen Lücke in den Arbeiten von Bauman. Bemerkenswert ist dabei die konsequente Aneignung empirischer Anhaltspunkte in sozialtheoretischer Absicht, um das Konzept der Flüchtigen Moderne zu konkretisieren, auf empirische Haltbarkeit zu überprüfen und weiterzuentwickeln.

Versucht man die Entwicklung in den letzten fünf Jahren auf der konzeptionellen Ebene zu bündeln, so ist sie vor allem gekennzeichnet durch den Wechsel von Leitkategorien: von der Postmoderne hin zur Flüchtigen Moderne; von der Identität zur Identifikation; und schließlich im Übergang von der wissenssoziologischen Analyse der Unmöglichkeit einer vollkommenen Ordnung und der daraus resultierenden Ambivalenz hin zur empirischen Analyse gesellschaftlicher Exklusion mit dem Konzept des Abfalls.

Vor allem in der Zuwendung zur Kategorie Abfall kommt Baumans empirische Kehre zum Ausdruck: Tendenziell tritt es an die Stelle des Konzepts der Ambivalenz. Ambivalenz noch war die Problematik des ausgeschlossenen Dritten in einem Klassifikationssystem, in einer Wissensordnung. Abfall nun ist die soziale Problematik des Ausgeschlossenen in einer sich beständig beschleunigenden Konsumgesellschaft, das Problem der Faktizität menschlichen Abfalls.

In den skizzierten konzeptionellen Veränderungen zeigen sich die Anpassungsfähigkeit und die Bereitschaft der Sozialtheorie von Bauman, sich mit den sozialen Veränderungen auseinander zu setzen und diese Veränderungen in die Strukturen seiner Sozialtheorie zu integrieren. Bauman hat mit den skizzierten Wechseln von Leitkategorien seiner Analysen eine Anpassung seines sozialtheoretischen Vokabulars an gesellschaftliche Veränderungen vorgenommen, die ihn auf der Höhe der gesellschaftlichen Entwicklung und des sozialen Wandels zeigen.

Literatur

Agamben, Giorgio (2002): Homo sacer. Die souveräne Macht und das nackte Leben. Frankfurt am Main: Suhrkamp.

Allen, Ann Taylor (1997): The Holocaust and the Modernization of Gender: A Historiographical Essay.: Central European History, Vol.30, No.3.

Anderson, Benedict (1988): Die Erfindung der Nation. Zur Karriere eine erfolgreichen Konzepts. Frankfurt/Main; New York: Campus.

Archer, Margaret S. (1988): Culture and Agency: The Place of Culture in Social Theory. Cambridge: Cambridge University Press.

Arendt, Hannah ([1955] 1962): Elemente und Ursprünge totaler Herrschaft. Frankfurt am Main: Europäische Verlagsanstalt.

Baudrillard, Jean (1983): Simulations. New York: Semiotext(e).

Baudrillard, Jean ([1968] 1991): Das System der Dinge. Über unser Verhältnis zu den alltäglichen Gegenständen. Frankfurt/Main; New York: Campus.

Bauman, Janina (1986): Winter in the Morning. A young Girl's Life in the Warsaw Ghetto and beyond. 1939-1945. Great Britain: Virago.

Bauman, Janina (1988): A Dream of Belonging. Great Britain: Virago.

Bauman, Janina/Bauman, Zygmunt (1993): Gespräch mit Janina Bauman und Zygmunt Bauman. In: Mittelweg 36, Vol.2, No.4, S. 17-22.

Bauman, Zygmunt (1966a): The Limitations of Perfect Planning. In: Co-existence, 3, 2, S. 145-162.

Bauman, Zygmunt (1966b): Three Remarks on Contemporary Educational Problems. In: Polish Sociological Bulletin, Vol.6, No.1, S. 77-89.

Bauman, Zygmunt ([1960] 1972): Between Class and Elite. The Evolution of the British Labour Movement. A Sociological Study. (Translated by Sheila Patterson) Manchester: Manchester University Press.

Bauman, Zygmunt ([1973] 1999): Culture as Praxis. London: Routledge & Kegan Paul.

Bauman, Zygmunt (1976a): Socialism. The Active Utopia. London: Allen & Unwin.

Bauman, Zygmunt (1976b): Towards a Critical Sociology: An Essay on Common-Sense and Emancipation. London: Routledge & Kegan Paul.

Bauman, Zygmunt (1978): Hermeneutics and Social Sciences. Approaches to Understanding. London: Hutchinson & Co..

Bauman, Zygmunt (1982): Memories of Class. The Pre-history and After-life of Class. London: Routledge & Kegan Paul.

Bauman, Zygmunt (1987): Legislators and Interpreters. On Modernity, Post-modernity and Intellectuals. Cambridge: Polity Press.

Bauman, Zygmunt (1988): Freedom. Minneapolis: University of Minnesota Press.

Bauman, Zygmunt ([1989] 1992): Modernity and the Holocaust. Ithaca, N.Y.: Cornell University Press. (Dialektik der Ordnung. Die Moderne und der Holocaust. Hamburg: Europäische Verlagsanstalt)

Bauman, Zygmunt ([1990] 2000): Thinking Sociologically. Oxford, UK & Cambridge, USA: Blackwell. (Vom Nutzen der Soziologie. Frankfurt am Main: Suhrkamp)

Bauman, Zygmunt ([1991] 1995): Modernity and Ambivalence. Ithaca: Cornell University Press. (Moderne und Ambivalenz. Das Ende der Eindeutigkeit. Frankfurt am Main: Fischer)

Bauman, Zygmunt ([1992] 1995): Intimations of Postmodernity. London: Routledge. (Ansichten der Postmoderne. Hamburg; Berlin: Argument-Verlag)

Bauman, Zygmunt ([1992] 1994): Mortality, Immortality and Other Life Strategies. Cambridge: Polity Press. (Tod, Unsterblichkeit und andere Lebensstrategien. Frankfurt am Main: Fischer)

Bauman, Zygmunt ([1993] 1995): Postmodern Ethics. Oxford, UK & Cambridge, USA: Blackwell. (Postmoderne Ethik. Hamburg: Hamburger Edition)

Bauman, Zygmunt ([1995] 1997): Life in Fragments. Essays in Postmodern Morality. Oxford, UK & Cambridge, USA: Blackwell. (Flaneure, Spieler und Touristen. Essays zu postmodernen Lebensformen. Hamburg: Hamburger Edition)

Bauman, Zygmunt (1996): Gewalt – modern und postmodern. In: Max Miller/Hans-Georg Soeffner (Hrsg.): Modernität und Barbarei. Soziologische Zeitdiagnose am Ende des 20. Jahrhunderts. Frankfurt am Main: Suhrkamp, S. 36-67.

Bauman, Zygmunt ([1997] 1999): Postmodernity and its Discontents. Cambridge: Polity Press. (Unbehagen in der Postmoderne. Hamburg: Hamburger Edition)

Bauman, Zygmunt (1998): Globalization. The Human Consequences. New York: Columbia University Press.

Bauman, Zygmunt ([1998] 1999): Work, Consumerism and the New Poor. Buckingham; Philadelphia: Open University Press.

Bauman, Zygmunt ([1999] 2000): In Search of Politics. Stanford, California: Stanford University Press. (Die Krise der Politik. Fluch und Chance einer neuen Öffentlichkeit. Hamburg: Hamburger Edition)

Bauman, Zygmunt ([2000] 2003): Liquid Modernity. Cambridge: Polity Press. (Flüchtige Moderne. Frankfurt am Main: Suhrkamp)

Bauman, Zygmunt (2001a): Community. Seeking Safety in an Insecure World. Cambridge: Polity Press.

Bauman, Zygmunt (2001b): The Individualized Society. Cambridge: Polity Press.

Bauman, Zygmunt (2002): Society under Siege. Cambridge: Polity Press.

Bauman, Zygmunt (2003): Liquid Love. On the Frailty of Human Bonds. Cambridge: Polity Press.

Bauman, Zygmunt (2004a): Europe. An Unfinished Adventure. Cambridge: Polity Press.

Bauman, Zymunt (2004b): Identity. Cambridge: Polity Press.

Bauman, Zygmunt ([2004] 2005): Wasted Lives. Modernity and its Outcasts. Cambridge: Polity Press. (Verworfenes Leben. Die Ausgegrenzten der Moderne. Hamburg: Hamburger Edition)

Bauman, Zygmunt (2005): Liquid Life. Cambridge: Polity Press.

Bauman, Zygmunt/Cantell, Timo/Pedersen, Poul Poder (1992): Modernity, Postmodernity and Ethics: An Interview with Zygmunt Bauman. In: Telos, No. 93, S. 133-144.

Bauman, Zygmunt/Tester, Keith (2001): Conversations with Zygmunt Bauman. Malden, Mass.: Polity Press.

Beck, Ulrich (1983): Jenseits von Stand und Klasse? Soziale Ungleichheiten, gesellschaftliche Individualisierungsprozesse und die Entstehung neuer sozialer Formationen und Identitäten. In: Reinhard Kreckel (Hrsg.): Soziale Ungleichheiten (Soziale Welt: Sonderband; 2). Göttingen: Schwartz, S. 35-74.

Beck, Ulrich (1986): Risikogesellschaft. Auf dem Weg in eine andere Moderne. Frankfurt am Main: Suhrkamp.

Beck, Ulrich (1996): Das Zeitalter der Nebenfolgen und die Politisierung der Moderne. In: ders./Anthony Giddens/Scott Lash (Hrsg.): Reflexive Modernisierung. Eine Kontroverse. Frankfurt am Main: Suhrkamp, S. 19-112.

Beilharz, Peter (1998): Reading Zygmunt Bauman: Looking for Clues. In: Thesis Eleven, Vol.54, August, S. 25-36.

Beilharz, Peter (2000): Zygmunt Bauman. Dialectic of Modernity. London; Thousand Oaks; New Delhi: Sage.

Beilharz, Peter (2002): Editor's Introduction: Bauman's Modernity. In: Peter Beilharz (Hrsg.): Zygmunt Bauman. Volume I. London; Thousand Oaks; New Delhi: SAGE, S. xi-xxxi

Beilharz, Peter (Ed.) (2002): Zygmunt Bauman, 4 Volumes. London: SAGE.

Bell, Daniel (1991): Die kulturellen Widersprüche des Kapitalismus. Frankfurt/Main; New York: Campus.

Berger, Peter A. (1995): "Life politics". Zur Politisierung der Lebensführung in nachtraditionalen Gesellschaften. In: Leviathan, Jg.23, H.3, S. 445-448.

Berking, Helmuth/Neckel, Sighard (1990): Die Politik der Lebensstile in einem Berliner Bezirk. Zu einigen Formen nachtraditionaler Vergemeinschaftung. In: Peter A. Berger/Stefan Hradil (Hrsg.): Lebenslagen, Lebensläufe, Lebensstile. (Soziale Welt: Sonderband; 7) Göttingen: Schwartz, S. 481-500.

Best, Shaun (1998): Zygmunt Bauman: Personal Reflections within the Mainstream of Modernity. In: British Journal of Sociology, Vol.49. No.2, S. 311-320.

Bielefeld, Ulrich (1993): Das grausame Idyll der Postmoderne. Zygmunt Baumans Überlegungen zur Soziologie des Nationalsozialismus und des Fremden. In: Mittelweg 36, Jg.2, H.4, S. 33-39.

Blackshaw, Tony (2005): Zygmunt Bauman. London; New York: Routledge.

Bloch, Ernst (1986): Freiheit und Ordnung. Frankfurt am Main: Suhrkamp.

Bonß, Wolfgang (1993): Die uneindeutige Moderne. Anmerkungen zu Zygmunt Bauman. In: Mittelweg 36, Jg.2, H.4, S. 23-32.

Bonß, Wolfgang (1996a): Gewalt als gesellschaftliches Problem. In: Max Miller/Hans-Georg Soeffner (Hrsg.): Modernität und Barbarei. Soziologische Zeitdiagnose am Ende des 20. Jahrhunderts. Frankfurt am Main: Suhrkamp, S. 68-80.

Bourdieu, Pierre ([1979] 1988): Die feinen Unterschiede. Kritik der gesellschaftlichen Urteilskraft. Frankfurt/Main: Suhrkamp.

Böhringer, Hannes (1985): Das Pathos der Differenzierung: Der philosophische Essay Georg Simmels. In: Merkur, Jg.39, S. 298-308.

Brock, Ditmar (1988): Vom traditionellen Arbeiterbewußtsein zum individualisierten Handlungsbewußtsein. In: Soziale Welt, H.4, S.

Brock, Ditmar (1991): Der schwierige Weg in die Moderne. Umwälzungen in der Lebensführung der deutschen Arbeiter zwischen 1850 und 1980. Frankfurt/Main; New York: Campus.

Brock, Ditmar (1997a): Globalisierung und Regionalisierung. In: Stefan Hradil (Hrsg.): Differenz und Integration. Die Zukunft moderner Gesellschaften. Verhandlungen des 28. Kongresses der Deutschen Gesellschaft für Soziologie in Dresden 1996. Frankfurt/Main; New York: Campus, S. 783-792.

Brock, Ditmar (1997b): Wirtschaft und Staat im Zeitalter der Globalisierung. Von nationalen Volkswirtschaften zur globalisierten Weltwirtschaft. In: Aus Politik und Zeitgeschichte, B 33-34, S. 12-19.

Buber, Martin (1965): Das dialogische Prinzip. Ich und Du. Zwiesprache. Die Frage an den Einzelnen. Elemente des Zwischenmenschlichen. Heidelberg: Lambert Scheider.

Burkitt, Ian (1996): Civilization and Ambivalence, In: British Journal of Sociology, Vol.47, No.1, S. 135-150.

Dewey, John ([1929] 1995): Erfahrung und Natur. (Übersetzt von Martin Suhr) Frankfurt am Main: Suhrkamp.

Elias, Norbert ([1936] 1976): Über den Prozess der Zivilisation. Soziogenetische und psychogenetische Untersuchungen. 2 Bde. Frankfurt am Main: Suhrkamp.

Elias, Norbert (1989): Studien über die Deutschen. Machtkämpfe und Habitusentwicklung im 19. und 20. Jahrhundert. Frankfurt am Main: Suhrkamp.

Elias, Norbert ([1939] 1994): Die Gesellschaft der Individuen. In: ders. (Hrsg.): Die Gesellschaft der Individuen. (Herausgegeben von Michael Schröter) Frankfurt am Main: Suhrkamp, S. 15-98.

Etzioni, Amitai ([1996] 1997): Die Verantwortungsgesellschaft. Individualismus und Moral in der heutigen Demokratie. Frankfurt/Main; New York: Campus.

Flotow von, Paschen (1995): Geld, Wirtschaft und Gesellschaft. Georg Simmels Philosophie des Geldes. Frankfurt am Main: Suhrkamp.

Foucault, Michel ([1975] 1993): Überwachen und Strafen. Die Geburt des Gefängnisses. Frankfurt am Main: Suhrkamp.

Freeman, Michael (1995): Genocide, Civilization and Modernity. In: British Journal of Sociology, Vol.46, No.2, S. 207-223.

Freud, Sigmund ([1930] 1993): Das Unbehagen in der Kultur. In: Sigmund Freud (Hrsg.): Das Unbehagen in der Kultur. Und andere kulturtheoretische Schriften. (Einleitung von Alfred Lorenzer und Bernhard Görlich) Frankfurt am Main: Fischer, S. 31-108.

Friedrichs, Jürgen (1997): Globalisierung – Begriff und grundlegende Annahmen. In: Aus Politik und Zeitgeschichte, Beilage zur Wochenzeitung Das Parlament, B 33-34, S. 3-11.

Gadamer, Hans-Georg ([1960] 1986): Wahrheit und Methode. Grundzüge einer philosophischen Hermeneutik. Tübingen: J.C.B. Mohr (Paul Siebeck).

Garland, David (2001): The Culture of Control. Crime and Social Order in Contemporary Society. Oxford: Polity Press.

Gay, Paul du (1999): Is Bauman's Bureau Weber's Bureau?: A Comment. In: British Journal of Sociology, Vol.50, No.4, S. 575-587.

Gehlen, Arnold ([1940] 1986): Der Mensch. Seine Natur und seine Stellung in der Welt. Wiesbaden: Aula-Verlag.

Gehlen, Arnold ([1952] 1963): Über die Geburt der Freiheit aus der Entfremdung. In: ders. (Hrsg.): Studien zur Anthropologie und Soziologie. Neuwied; Berlin: Luchterhand, S. 232-246.

Giddens, Anthony (1991): Modernity and Self-identity. Self and Society in the Late Modern Age. Cambridge: Polity Press.

Giddens, Anthony (1994): Beyond left and and right. The future of radical politicy. Stanford, California: Stanford University Press.

Girard, René (2005): Die Verkannte Stimme des Realen. Eine Theorie archaischer und moderner Mythen. München; Wien: Carl Hanser.

Goldhagen, Daniel Jonah (1998): Hitlers willige Vollstrecker. Ganz gewöhnliche Deutsche und der Holocaust. Berlin: Siedler.

Hoeber, Fritz (1918): Georg Simmel, der Kulturphilosoph unserer Zeit. In: Neue Jahrbücher für das klassische Altertum, Jg.21, S. 475-477.

Hogan, Trevor (1998): Dead Indians, Flawed Consumers and Snowballs in Hell: On Zygmunt Bauman's New Poor. In: Arena Journal, No.10, S. 151-158.

Horkheimer, Max ([1947] 1991): Zur Kritik der instrumentellen Vernunft. In: Alfred Schmidt (Hrsg.): Max Horkheimer. Gesammelte Schriften Band 6: "Zur Kritik der instrumentellen Vernunft" und "Notizen 1949-1969". Frankfurt am Main: Fischer, S. 21-186.

Horkheimer, Max/Adorno, Theodor W. ([1944] 1969): Dialektik der Aufklärung. Philosophische Fragmente. Frankfurt am Main: Fischer.

Hörning, Karl H. (1999): Kulturelle Kollisionen. Die Soziologie vor neuen Aufgaben. In: Karl H. Hörning/Rainer Winter (Hrsg.): Widerspenstige Kulturen. Cultural Studies als Herausforderung. Frankfurt am Main: Suhrkamp, S. 84-115.

Imbusch, Peter (2001): „Überflüssige". Historische Deutungsmuster und potentielle Universalität eines Begriffs. In: Mittelweg 36, Jg.10, H.5, S. 49-62.

Imbusch, Peter (2002): Schattenseiten der Moderne: Zygmunt Baumans Perspektive auf den Stalinismus. In: Matthias Junge/Thomas Kron (Hrsg.): Zygmunt Bauman. Soziologie zwischen Postmoderne und Ethik. Opladen: Leske + Budrich, S. 143-182.

Jacobsen, Michael Hviid (2004): Zygmunt Bauman – den postmoderne dialektik. o.A.: Hans Reitzel Forlag.

Jacobsen, Michael Hviid (2006): ‚The Activating Presence' – What Prospects of Utopia in Times of Uncertainty? (Manuskript)

Joas, Hans (1996): Soziologie nach Auschwitz. Zygmunt Baumans Werk und das deutsche Selbstverständnis. In: Mittelweg 36, Jg.5, H.4, S. 18-28.

Joas, Hans (1998): Bauman in Germany. Modern Violence and the Problems of German Self-Understanding. In: Theory, Culture & Society, Vo.15, No.1, S. 47-55.

Junge, Matthias (1999): Die Spannung von Autonomie und Verbundenheit in der kommunitaristischen Sozialtheorie und der Individualisierungstheorie. In: Hans Rudolf Leu/Lothar Krappmann (Hrsg.): Zwischen Autonomie und Verbundenheit. Bedingungen und Formen der Behauptung von Subjektivität. Frankfurt am Main: Suhrkamp, S. 108-132.

Junge, Matthias (2000a): Ambivalente Gesellschaftlichkeit. Die Modernisierung der Vergesellschaftung und die Ordnungen der Ambivalenzbewältigung. Opladen: Leske + Budrich.

Junge, Matthias (2000b): Solidarität als Ordnung der Moderne und die Ordnungspluralität der Postmoderne. In: Thomas Kron (Hrsg.): Individualisierung und soziologische Theorie. Opladen: Leske + Budrich, S. 169-182.

Junge, Matthias (2001): Zygmunt Bauman's poisoned Gift of Morality. In: British Journal of Sociology, Vol., S. 105-119.

Junge, Matthias (2002): Die postmoderne Zeitdiagnose Baudrillards. In: Carsten Stark/Christian Lahusen (Hrsg.): Theorien der Gesellschaft. Einführung in zentrale Paradigmen der soziologischen Gegenwartsanalyse. München; Wien: Oldenbourg, S. 267-288.

Junge, Matthias (2003a): Macht und Moral: eine programmatische Skizze. In: Matthias Junge (Hrsg.): Macht und Moral. Beiträge zur Dekonstruktion von Moral. Wiesbaden: Westdeutscher Verlag 2003, S. 7-20.

Junge, Matthias (2003b): Multikulturalismus, sozialkulturelle Ordnung und Hybridität. In: Heiko Kleve/Gerd Koch/Matthias Müller (Hrsg.): Differenz und Soziale Arbeit. Sensibilität im Umgang mit dem Unterschiedlichen. Berlin; Milow; Strasburg: Schibri-Verlag, S. 140-156.

Junge, Matthias (2003c): Das sozialkulturelle Ordnungsnetz der Postmoderne. In: Nikos Psarros/Pirmin Stekeler-Weithofer/Georg Vobruba (Hrsg.): Die Entwicklung sozialer Wirklichkeit. Auseinandersetzungen mit der historisch-genetischen Theorie der Gesellschaft. Weilerswist: Velbrück, S. 218-230.

Junge, Matthias (2004): Sozialisationstheorien vor dem Hintergrund von Modernisierung, Individualisierung und Postmodernisierung. In: Dagmar Hoffmann/Hans Merkens (Hrsg.): Jugendsoziologische Sozialisationstheorie. Impulse für die Jugendforschung. Weinheim; München: Juventa, S. 35-50.

Junge, Matthias (2005): Zygmunt Bauman. In: Dirk Kaesler (Hrsg.): Aktuelle Theorien der Soziologie. Von Shmuel N. Eisenstadt bis zur Postmoderne. München: C.H. Beck, S. 64-80.

Junge, Matthias/Kron, Thomas (Hrsg.) ([2002] 2006): Zygmunt Bauman. Soziologie zwischen Postmoderne und Ethik. Opladen: Leske + Budrich.

Junge, Matthias/Lechner, Götz (Hrsg.) (2004): Scheitern. Aspekte eines sozialen Phänomens. Wiesbaden: VS Verlag für Sozialwissenschaften.

Kant, Immanuel ([1797/98] 1983): Die Metaphysik der Sitten. In: Wilhelm Weischedel (Hrsg.): Immanuel Kant. Werke in zehn Bänden. Bd.7. Darmstadt: Wissenschaftliche Buchgesellschaft, S. 309-634.

Kastner, Jens (2000): Politik und Postmoderne. Libertäre Aspekte in der Soziologie Zygmunt Baumans. Münster: Unrast.

Kellner, Douglas (1998): Zygmunt Bauman's Postmodern Turn. In: Theory, Culture & Society, Vol.15, No.1, S. 73-86.

Kern, Horst (1982): Empirische Sozialforschung. Ursprünge, Ansätze, Entwicklungslinien. München: C.H. Beck.

Kilminster, Richard/Varcoe, Ian (1998): Three Appreciations of Zygmunt Bauman. In: Theory, Culture & Society, Vol.15, No.1, S. 23-28.

Kilminster, Richard/Varcoe, Ian (Hrsg.) (1996): Culture, Modernity and Revolution. Essays in Honour of Zygmunt Bauman. London; New York: Routledge & Kegan Paul.

Kron, Thomas (2000): Die Unordnung aushalten. Ein Plädoyer für eine postmoderne Moral – Zygmunt Bauman: Moderne und Ambivalenz. In: Uwe Schimank/Ute Volkmann (Hrsg.): Soziologische Gegenwartsdiagnosen I – Eine Bestandsaufnahme. Hagen: Fernuniversität Hagen, S. 116-127.

Kron, Thomas (2001): Moralische Individualität. Eine Kritik der postmodernen Ethik von Zygmunt Bauman und ihrer soziologischen Implikationen für eine soziale Ordnung durch Individualisierung. Opladen: Leske + Budrich.

Kuhlmann, Wolfgang (Hrsg.) (1986): Moralität und Sittlichkeit. Das Problem Hegels und die Diskursethik. Frankfurt/Main: Suhrkamp.

Lash, Scott (1996): Postmodern Ethics: The Missing Ground. In: Theory, Culture & Society, Vol.13(2), S. 91-104.

Lesch, Walter (1991): Fragmente einer Theorie der Gerechtigkeit. Emmanuel Levinas im Kontext zeitgenössischer Versuche einer Fundamentalethik (Habermas, Lyotard, Derrida). In: Josef Klehr (Hrsg.): Den Anderen denken. Philosophisches Fachgespräch mit Emmanuel Lévinas. Stuttgart: Akademie der Diözese Rottenburg-Stuttgart, S. 179-199.

Lévinas, Emmanuel ([1980] 1987): Totalität und Unendlichkeit. Versuch über die Exteriorität. (šbersetzt von N.W. Krewani) Freiburg/München: Alber.

Lévinas, Emmanuel ([1982] 1992): Ethik und Unendliches. Gespräche mit Philippe Nemo. (Übersetzt von D. Schmidt) Wien: Edition Passagen.

Luhmann, Niklas (1989): Ethik als Reflexionstheorie der Moral. In: Niklas Luhmann (Hrsg.): Gesellschaftsstruktur und Semantik. Studien zur Wissenssoziologie der modernen Gesellschaft. Band 3. Frankfurt am Main: Suhrkamp, S. 358-447.

Lyotard, Jean-Francois ([1979] 1986): Das postmoderne Wissen.

Lyotard, Jean-Francois ([1987] 1988): Die Moderne redigieren. In: Wolfgang Welsch (Hrsg.): Wege aus der Moderne. Schlüsseltexte der Postmoderne-Diskussion. Weinheim: VCH, Acta Humanoria, S. 204-214.

Maffesoli, Michel ([1988] 1996): The Time of the Tribes. The Decline of Individualism in Mass Society. London; Thousand Oaks; New Delhi: Sage.

Maffesoli, Michel (1990): Post-Modern Sociality. In: Telos, Vol.85, S. 89-92.

Maier, Charles S. (1988): The Unmasterable Past. History, Holocaust, and German National Identity. Cambridge, Massachusetts and London, England: Harvard University Press.

Marx, Karl (1971): Die Frühschriften. (Herausgegeben von Siegfried Landshut) Stuttgart: Kröner.

Mathiesen, Thomas (1997): The Viewer Society: Michel Foucault's Panopticum Revisted. In: Theoretical Crimonology, S. 215-234.

Matthes, Joachim (1994): "Mit Ambivalenzen leben". Zygmunt Baumans halbherzige Kritik der Moderne. Rezension zu Zygmunt Bauman: Moderne und Ambivalenz. In: Soziologische Revue, Jg.17, H.3, S. 291-297.

Milgram, Stanley (1963): Behavioral Study of Obedience. In: Journal of Abnormal and Social Psychology, Vol.67, S. 371-378.

Moore, Barrington ([1978] 1987): Ungerechtigkeit. Die sozialen Ursachen von Unterordnung und Widerstand. Frankfurt am Main: Suhrkamp.

Mooser, Josef (1983): Auflösung proletarischer Milieus. Klassenbildung und Individualisierung in der Arbeiterschaft vom Kaiserreich bis in die Bundesrepublik Deutschland. In: Soziale Welt, Jg.34, H.3, S. 270-306.

Morin, Edgar (1974): Das Rätsel des Humanen. Grundfragen einer neuen Anthopologie. München.

Nunner-Winkler, Gertrud (1992): Zur moralischen Sozialisation. In: Kölner Zeitschrift für Soziologie und Sozialpsychologie, Jg.44, H.2, S. 252-272.

Nunner-Winkler, Gertrud (Hrsg.) (1991): Weibliche Moral. Die Kontroverse um eine geschlechtsspezifische Ethik. Frankfurt/Main; New York: Campus.

Offe, Claus (1996): Modernity and the State. Cambridge: Cambridge University Press.

Offe, Claus/Ostner, Ilona/Mückenberger, Ulrich (1996): A Basic Income Guaranteed by the State: A Need of the Moment in Social Policy. In: Claus Offe (Hrsg.): Modernity and the State. Cambridge: Cambridge University Press, S. 201-221

Pellicani, Luciano (1998): Modernity and Totalitarism. In: Telos, No. 112, S. 3-22.

Platon (1978): Politeia. Sätliche Werke Bd.3. (In der Ürsetzung von Friedrich Schleiermacher mit der Staphanus-Numerierung herausgegeben von Walter F. Oti, Ernesto Grasi, Gert Plambäck) In: ders. (Hrsg.): Hamburg: Rowohlt, S. 67-310.

Rehberg, Karl-Siegbert (1986): Kultur versus Gesellschaft? Anmerkungen zu einer Streitfrage der deutschen Soziologie. In: Friedhelm Neidhardt/M. Rainer Lepsius/Johannes Weiß (Hrsg.): Kultur und Gesellschaft. (Sonderheft 27 der KZfSS) Opladen: Westdeutscher Verlag, S. 92-117.

Renn, Joachim (2006): Übersetzungsverhältnisse. Perspektiven einer pragmatistischen Gesellschaftstheorie. Weilerswist: Velbrück.

Rorty, Richard (1989): Kontingenz, Ironie und Solidarität. (Übersetzt von Christa Krüger) Frankfurt am Main: Suhrkamp.

Rosa, Hartmut (2005): Beschleunigung. Die Veränderung der Zeitstruktur in der Moderne. Frankfurt am Main: Suhrkamp.

Schroer, Markus (2001): Die im Dunkeln sieht man doch. Inklusion, Exklusion und die Entdeckung der Überflüssigen. In: Mittelweg 36, Jg.10, Nr.5, S. 33-48.

Schulze, Gerhard (1992): Die Erlebnisgesellschaft. Kultursoziologie der Gegenwart. Frankfurt/Main; New York: Campus.

Schwinn, Thomas (2001): Differenzierung ohne Gesellschaft. Umstellung eines soziologischen Konzepts. Weilerswist: Velbrück.

Sennett, Richard (1998): Der flexible Mensch. Die Kultur des neuen Kapitalismus. Berlin: Berlin Verlag.

Simmel, Georg ([1913] 1987): Das individuelle Gesetz. In: Michael Landmann (Hrsg.): Das individuelle Gesetz. Philosophische Exkurse. (Neuausgabe mit einem Nachwort von Klaus Christian Köhnke Frankfurt am Main: Suhrkamp, S. 174-230.

Simmel, Georg ([1900] 1989): Philosophie des Geldes. In: David P. Frisby/Klaus Christian Köhnke (Hrsg.): Georg Simmel. Philosophie des Geldes. (Gesamtausgabe Bd.6) Frankfurt am Main: Suhrkamp.

Smith, Dennis (1998): Zygmunt Bauman. How to be a successful Outsider. In: Theory, Culture and Society, No.1, S. 39-45.

Smith, Dennis (1999): Zygmunt Bauman. Prophet of Postmodernity. Cambridge: Polity Press.

Smith, Dennis (2002): Die modernen Wurzeln von Baumans Postmoderne. In: Matthias Junge/Thomas Kron (Hrsg.): Zygmunt Bauman. Soziologie zwischen Postmoderne und Ethik. Opladen: Leske + Budrich, S. 275-301.

Sofsky, Wolfgang (1993): Die Ordnung des Terrors: Das Konzentrationslager. Frankfurt am Main: Fischer.

Taylor, Mark C./Saarinen, Esa (1994): Imagologies: Media Philosophy. London: Routledge.

Tester, Keith/Jacobsen, Michael Hviid (2005): Bauman Before Postmodernity. Invitation, Conversations and Annotated Bibliography 1953-1989. Aalborg: Aalborg University Press.

Thompson, Edward P. ([1963] 1987): Die Entstehung der englischen Arbeiterklasse. 2 Bde. Frankfurt a. Main: Suhrkamp.

Urry, John (2000): Sociology Beyond Societies. Mobilities for the Twenty-First Century. London; New York: Routledge.

Varcoe, Ian (1998): Identity and the Limits of Comparison. Bauman's Reception in Germany. In: Theory, Culture & Society, Vol.15, No.1, S. 57-72.

Varcoe, Ian/Kilminster, Richard (1996): Addendum: Culture and Power in the Writings of Zygmunt Bauman. In: dies. (Hrsg.): Culture, Modernity and Revolution. Essays in Honour of Zygmunt Bauman. London; New York: Routledge, S. 215-247.

Varcoe, Ian/Kilminster, Richard (2002): Zygmunt Baumans Sozialkritik: Themenstellungen und Kontinuitäten. In: Matthias Junge/Thomas Kron (Hrsg.): Zygmunt Bauman. Soziologie zwischen Postmoderne und Ethik. Opladen: Leske + Budrich, S. 21-50.

Vetlesen, Arne Johan (1993): Why Does Proximity Make a Moral Difference? Coming to Term with a Lessen Learned from the Holocaust. In: Praxis International, Vol.12, No.4, S. 371-386.

Warde, Alan (1994): Consumption, Identity-Formation and Uncertainty. In: Sociology, Vol.28, No.4, S. 877-898.

Weber, Max ([1904/05] 1993): Die protestantische Ethik und der "Geist" des Kapitalismus. (Textausgabe auf der Grundlage der ersten Fassung von 1904/05 mit einem Verzeichnis der wichtigsten Zusätze und Veränderungen aus der zweiten Fassung von 1920 herausgegeben und eingeleitet von Klaus Lichtblau und Johannes Weiß) Bodenheim: Athenäum Hain Hanstein.

Weber, Max ([1919] 1988): Politik als Beruf. In: Johannes Winckelmann (Hrsg.): Max Weber. Gesammelte politische Schriften. Tübingen: Mohr, S. 505-560.

Weber, Max ([1922] 1985): Wirtschaft und Gesellschaft. Grundriss der verstehenden Soziologie. (Besorgt von Johannes Winckelmann) Tübingen: Mohr.

Wehler, Hans-Ulrich (2003): Deutsche Gesellschaftsgeschichte. Vierter Band: Vom Beginn des Ersten Weltkriegs bis zur Gründung der beiden deutschen Staaten 1914-1949. München: C.H.Beck.

Wolfe, Alan (1989): Whose Keeper? Social Science and Moral Obligation. Berkeley; Los Angeles: University of California Press.

Theorie

Dirk Baecker (Hrsg.)
**Schlüsselwerke
der Systemtheorie**
2005. 352 S. Geb. EUR 24,90
ISBN 3-531-14084-1

Ralf Dahrendorf
Homo Sociologicus
Ein Versuch zur Geschichte,
Bedeutung und Kritik der Kategorie
der sozialen Rolle
16. Aufl. 2006. 126 S. Br. EUR 14,90
ISBN 3-531-31122-0

Shmuel N. Eisenstadt
Theorie und Moderne
Soziologische Essays
2006. 607 S. Geb. EUR 49,90
ISBN 3-531-14565-7

Axel Honneth /
Institut für Sozialforschung (Hrsg.)
**Schlüsseltexte der
Kritischen Theorie**
2006. 414 S. Geb. EUR 29,90
ISBN 3-531-14108-2

Peter Imbusch
Moderne und Gewalt
Zivilisationstheoretische Perspektiven
auf das 20. Jahrhundert
2005. 579 S. Geb. EUR 49,90
ISBN 3-8100-3753-2

Erhältlich im Buchhandel oder beim Verlag.
Änderungen vorbehalten. Stand: Juli 2006.

Niklas Luhmann
Beobachtungen der Moderne
2. Aufl. 2006. 220 S. Br. EUR 24,90
ISBN 3-531-32263-X

Stephan Moebius /
Christian Papilloud (Hrsg.)
**Gift – Marcel Mauss'
Kulturtheorie der Gabe**
2006. 359 S. Br. EUR 29,90
ISBN 3-531-14731-5

Uwe Schimank
**Differenzierung und Integration
der modernen Gesellschaft**
Beiträge zur akteurzentrierten
Differenzierungstheorie 1
2005. 297 S. Br. EUR 27,90
ISBN 3-531-14683-1

Uwe Schimank
**Teilsystemische Autonomie
und politische
Gesellschaftssteuerung**
Beiträge zur akteurzentrierten
Differenzierungstheorie 2
2006. 307 S. Br. EUR 29,90
ISBN 3-531-14684-X

www.vs-verlag.de

VS VERLAG FÜR SOZIALWISSENSCHAFTEN

Abraham-Lincoln-Straße 46
65189 Wiesbaden
Tel. 0611.7878-722
Fax 0611.7878-400